高等院校通识教育新形态系列教材

第2版

大学生劳动教育

冉江舟 邓朝晖 —— 主编

陈晓靓 叶秋萍 王岚 —— 副主编

U0720182

人民邮电出版社

北京

图书在版编目（CIP）数据

大学生劳动教育 / 冉江舟，邓朝晖主编. -- 2 版.
北京 : 人民邮电出版社，2025. --（高等院校通识教育
新形态系列教材）. -- ISBN 978-7-115-66524-9

Ⅰ. G40-015

中国国家版本馆 CIP 数据核字第 20251ZH911 号

内 容 提 要

本书是编者在第 1 版的基础上重新编写而成的。本书共 7 章，内容包括劳动与劳动教育、劳动价值观与精神培养、劳动知识与能力提升、劳动与生活自立、劳动与职业发展、劳动与社会实践、劳动安全与卫生保障等。每章不仅讲解了劳动教育知识，还设计了多样的知识栏目，并配有丰富的多媒体教学资源，读者可扫描书中二维码查看。

本书既可以作为高等院校学生劳动教育课程的教材，又可以作为各行各业进行劳动教育的参考用书。

◆ 主　　编　冉江舟　邓朝晖

　　副 主 编　陈晓靓　叶秋萍　土　岚

　　责任编辑　任书征

　　责任印制　陈　犇

◆ 人民邮电出版社出版发行　　北京市丰台区成寿寺路 11 号

　　邮编 100164　电子邮件 315@ptpress.com.cn

　　网址 https://www.ptpress.com.cn

　　三河市君旺印务有限公司印刷

◆ 开本：787×1092　1/16

　　印张：11　　　　　　　　　　2025 年 5 月第 2 版

　　字数：242 千字　　　　　　　2025 年 8 月河北第 2 次印刷

定价：49.80 元

读者服务热线：(010)81055256　印装质量热线：(010)81055316
反盗版热线：(010)81055315

编委会

主　编　舟江舟　邓朝晖

副主编　陈晓靓　叶秋萍　王　岚

编　委　吴　恋　张心杰　陈信羽

前　言

　　劳动是一切成功的必经之路，劳动教育是成长成才的关键。劳动教育强调劳动是一切财富和价值的源泉，倡导通过诚实劳动创造美好生活、实现人生梦想。

　　2020年，教育部印发的《大中小学劳动教育指导纲要（试行）》明确指出，劳动教育是新时代党对教育的新要求，是中国特色社会主义教育制度的重要内容，是全面发展教育体系的重要组成部分，是大中小学必须开展的教育活动。党的二十大报告也指出："全面贯彻党的教育方针，落实立德树人根本任务，培养德智体美劳全面发展的社会主义建设者和接班人。坚持以人民为中心发展教育，加快建设高质量教育体系，发展素质教育，促进教育公平。"一言以蔽之，劳动教育是中国特色社会主义教育制度的重要内容，根植中华优秀传统文化，承载以劳动立德树人的理念，对推动劳动创新、建设教育强国意义重大。

　　本书的编者紧扣教育部印发的《大中小学劳动教育指导纲要（试行）》的要求，在第1版的基础上进行重新梳理和编排，更新了劳模精神、劳动精神、工匠精神的丰富内涵和时代价值，结合当前时代的劳动技能发展新趋势，介绍了新型劳动形态——智能劳动，以及如何应用AI工具辅助学习与办公等。另外，实践活动更贴合实际，适合大学生手脑并用，开展实际操作。

　　总之，本书旨在通过系统的理论知识、丰富的案例和劳动实践，让大学生树立正确的劳动观念、具有必备的劳动能力、培育积极的劳动精神、养成良好的劳动习惯和品质。

　　本书内容编排的具体特点主要体现在以下5个方面。

　　（1）全面贯彻新时代劳动教育的新要求。本书按照《大中小学劳动教育指导纲要（试行）》的要求编写，全面覆盖其中的要点，并按照大学生学习理解的习惯，将本书所讲知识点整合成一套系统的知识体系，形成劳动教育学习读物，有助于大学生全方位地接受劳动教育。

（2）提供丰富的案例材料。本书针对大学生身心特点和思想状况编写，通过大量的劳动者事迹，以案例阅读和点评的形式，形象地展现出劳动对人们的积极意义。大学生可以通过理论结合案例的学习方式，更高效地接受劳动教育。

（3）理论与实践结合，助力教师开展劳动实践教学。本书采用章节式写法，每章包括目标指引、案例导入、理论讲解、案例阅读、课堂讨论、实践活动、思考练习等模块。每个模块都进行了精心设计，重点突出、条理分明，重视培养大学生的劳动实践能力。

（4）抓住课程思政建设的核心，全面提升大学生的劳动素养。本书针对大学生的身心特点和思想状况，从劳动价值观与精神培养、劳动知识与能力提升、劳动与生活自立、劳动与职业发展、劳动与社会实践、劳动安全与卫生保障等多个维度展开介绍，同时正文中还穿插有"劳动大讲堂"栏目，培育大学生的劳动情怀，营造劳动文化氛围。

（5）多媒体资源丰富。本书按照"互联网＋劳动教育"模式编写，大学生通过扫描书中的二维码即可使用配套的多媒体资源，如微课视频、拓展资料等。这样既增加了阅读的趣味性，又增强了内容的生动性和吸引力。此外，本书还提供了丰富的教学资源，包括PPT课件、教学大纲、教学教案等，用书教师可访问人邮教育社区（www.ryjiaoyu.com），搜索本书书名下载和使用。

本书的出版得到了各方的关心与支持，在此表示衷心感谢！同时，我们对书中所引用资料的原作者致以真诚的谢意！书中如有疏漏与不足之处，敬请广大读者批评指正。

编　者
2025年1月

目　录

第1章

言传身教
——劳动与劳动教育　　/ 1

第2章

坚定不移
——劳动价值观与精神培养　　/ 25

第3章

出类拔萃

第 4 章

第 5 章

第6章

匠心筑梦
——劳动与社会实践   **/ 116**

第7章

万无一失
——劳动安全与卫生保障   **/ 133**

第1章
言传身教
——劳动与劳动教育

【目标指引】

1. 认识劳动的含义、分类、三要素和价值，以及劳动的发展趋势。
2. 熟悉劳动教育的含义、目标、内容与途径。
3. 树立积极接受劳动教育的意识，培养良好的劳动习惯和品质。

🔍 案例导入

　　2024年11月3日，来自武汉大学"自强劳动社"、校党委学生工作部"大学生骨干素质能力提升示范训练营"、校团委"青马班"等团体的250余名大学生在总务后勤部团委的带领下，踏入湖北黄梅的广袤田野，共同开启了意义非凡的"劳动第一课"。

　　秋风送爽，稻香扑鼻。大学生们手执镰刀，走进稻田，亲身体验割谷至碾米的全过程。自强劳动社的曹承冠同学在掌握割谷技巧后，满脸喜悦地说："这镰刀看似简单，操作起来却不容易，不过当看到自己割下的稻穗越来越多，心里满是成就感。"在脱谷环节，一部分同学体验了机器脱谷的高效，另一部分同学则尝试了传统的拍打脱谷，深刻感受农耕文化的独特韵味。碾米时，随着碾米机的轰鸣，一粒粒晶莹剔透的大米逐渐呈现，让大家深切体会到"粒粒皆辛苦"的真谛。

　　在培训课堂上，农业专家用生动的讲解，让大学生们对大米生长及品种有了全新的认知。这次学习，不仅丰富了他们的知识，更让他们懂得珍惜每一粒来之不易的粮食。

　　活动结束后，武汉大学青马工程九期培训班的团支书刘家澍感慨万分：这次劳动实践，不仅锤炼了我们的团队精神，更让我们领悟到劳动的价值。作为青年学子，我们应深入基层，用劳动来锤炼自己的真本领。

　　据悉，武汉大学大学生校级社团自强劳动社自2024年6月成立以来，一直致力于搭建大学生与社会劳动的联系桥梁。通过组织各类劳动教育活动，激发大学生对劳动的热爱与尊重，培养大学生热爱劳动、尊重劳动的良好品质，掌握生活技能，依靠劳动自立自强、磨砺成长，成为担当民族复兴历史重任的时代新人。

　　劳动是一切成功的必经之路，劳动教育是成长、成才的关键。加强劳动教育，"劳"与"学"的深度融合是新时代的必然要求。如武汉大学一样，各高校积极响应，为学生们组织了丰富多样的劳动实践活动。大学生务必积极主动地接受劳动教育，通过参与各种实践活动，深刻理解劳动的价值与意义，练就过硬本领，实现个人价值和社会价值。

1.1　劳动

　　从原始社会的刀耕火种到封建社会铁犁牛耕的农业生产，从工业革命时期蒸汽机的发明到当代智能化生产线的高效运转，人类经历了一个漫长而伟大的劳动过程。从某种程度上来说，人类文明史就是一部劳动发展史。个人的成败、民族的兴衰、国家的存亡、文明的进步和倒退，都与劳动息息相关。

微课：劳动

1.1.1　劳动的含义

　　劳动作为一个多维度概念，在不同学科领域展现出丰富的内涵。《中国大百科全书·哲学卷》将劳动定义为：人类特有的基本的社会实践活动，也是人类通过有目的的活动改造自然对象并在这一活动中改造人自身的过程。资源科学领域的劳动定义则是：有劳动能力和劳动经验的人在生产过程中有目的地支出劳动力的活动。经济学领域的劳动定义为：人类在生产中付出体力或智力的活动，是生产的最基本要素。

　　马克思的深刻见解揭示了劳动的本质，他对劳动的定义是："劳动首先是人和自然之间的过程，是人以自身的活动来引起、调整和控制人和自然之间的物质变换的过程。人自身作为一种自然力与自然物质相对立。为了在对自身生活有用的形式上占有自然物质，人就使他身上的自然力——臂和腿、头和手运动起来。当他通过这种运动作用于他身外的自然并改变自然时，也就同时改变他自身的自然。他使自身的自然中沉睡着的潜力发挥出来，并且使这种力的活动受他自己控制。"

　　从上述定义中，我们可以得到以下结论：首先，劳动是"人以自身的活动来引起、调整和控制人和自然之间的物质变换的过程"，说明劳动是人的客观物质活动；其次，"为了在对自身生活有用的形式上占有自然物质，人就使他身上的自然力——臂和腿、头和手运动起来""他使自身的自然中沉睡着的潜力发挥出来，并且使这种力的活动受他自己控制"，说明劳动是人有目的的能动活动；最后，"当他通过这种运动作用于他身外的自然并改变自然时，也就同时改变他自身的自然"，说明人的劳动具有双重效果，不仅改变了劳动对象，同时在劳动中也改变了自身的社会状况。

　　通过对上述多种定义的理解，我们可以将劳动的定义进行简单归纳：劳动是人类特有的，为满足自身的物质和精神需要，有目的地调整和控制人与自然之间的物质变换，且能够改变自然物的社会实践活动，这种活动区别于体育、休闲等其他活动，其核心在于获取劳动成果。在劳动教育范畴内，劳动特指一切以产出为目标的活动，尤其强调那些涉及体力参与的生产与生活实践，旨在培养学生成为社会实践活动的积极参与者和创造者。

农民正在稻田里插秧 ●

劳动教育之所以侧重于涉及体力参与的生产和生活实践，主要原因有以下几点：（1）以脑力劳动为主的职业在当今社会中的比重越来越大，人们长期处于紧张的脑力劳动中，忽视了体力劳动；（2）自动化机器取代了越来越多的体力劳动，人们动手的机会越来越少，弱化了动手能力；（3）社会发展与经济水平的提升加速了城镇化建设进程，人们离劳动环境越来越远，导致各种不良习惯甚至疾病出现，需要通过劳动来提高身体素质。

● **课堂讨论** ●

讨论主题：劳动的内涵。

讨论内容：

（1）劳动与普通生物活动有何显著区别？

（2）劳动仅仅是谋生的手段吗？

1.1.2 劳动的分类

从不同的角度出发，劳动可以划分为不同的类别，典型的分类包括：体力劳动与脑力劳动、生产劳动与非生产劳动、简单劳动与复杂劳动、常规劳动与创造性劳动等。

1．体力劳动与脑力劳动

按照主要消耗体力还是脑力，劳动可分为体力劳动和脑力劳动。体力劳动是劳动者以运动系统为主要运动器官的劳动。简单地讲，体力劳动即以使用或消耗体力为主的劳动，主要涉及日常生活劳动、生产制造、农业种植等。例如，洗衣做饭、耕耘种植、房屋修建等便是体力劳动。脑力劳动是劳动者以大脑神经系统为主要运动器官的劳动。简单地讲，脑力劳动即以使用或消耗脑力为主的劳动，主要涉及科学研究、设计、管理、教育等。例如，科研人员进行化学实验、设计师设计图稿等便是脑力劳动。

事实上，人类创造的劳动产品并非单一劳动形态的孤立作用，往往是体力劳动与脑力劳动协同作业、相辅相成的产物。体力劳动是脑力劳动的基础，脑力劳动支配体力劳动，二者共同创造价值。出于习惯，人们将体力活动占优势的劳动称为体力劳动，将脑力活动占优势的劳动称为脑力劳动。也就是说，在劳动中，体力劳动和脑力劳动是共存的，只是所占的比例不同。

以教育领域为例，教师的教书育人工作本质上就是一项高度融合体力与脑力的复合型劳动。虽然其核心在于运用专业知识、教育理念进行课程设计与知识传授，属于典型的脑力劳动范畴，但实际教学过程中，如板书书写、实验演示、作业批阅等环节，同样需要一定的体力操作，展现了体力劳动在脑力劳动中的重要作用。类似地，在传统工艺如木匠技艺中，尽管大量体力劳动如锯木、刨削占据了显著位置，但精准测量、设计构思、木材选用等前期准备与设计过程，均需深厚的脑力投入，展现了脑力劳动在体力劳动基础上的指导与提升作用。这些实例充分证明，在多元化与复杂化的现代社会劳动场景中，体力劳动与脑力劳动的有机结合是推动社会生产力进步与文明发展的关键所在。

2．生产劳动与非生产劳动

按照劳动表现形式的不同，劳动可分为生产劳动与非生产劳动。生产劳动指创造物质财富的劳动，包括农业、林业、制造业、建筑业、交通运输业等生产部门中的劳动，以及在流通领域中存在的与生产相关的那部分劳动，如产品的搬运、分类、加工、包装、保管等。从事生产劳动的劳动者并不一定都亲自动手或直接参加生产，只要其劳动属于生产劳动总体的一部分，如从事劳动管理、技术管理、人事管理、工艺流程设计等，就属于生产劳动。非生产劳动指直接或间接进行非物质资料生产的劳动，它不是人类社会一开始就有的，而是随着物质资料生产的发展，随着人们对精神生活、生活服务等各方面需求的不断增长而出现的。人们所进行的社会管理活动是非生产劳动，创造精神财富的基础科学研究、教育、艺术等创作也属于非生产劳动，如演员表演古筝弹奏。

生产劳动与非生产劳动都是社会分工体系中不可缺少的部分。生产劳动为非生产劳动提供存在和发展的条件，而非生产劳动为生产劳动的发展提供精神动力和智力支持。例如，机械工程师培训新员工时向新员工讲解理论知识、操作方法，属于非生产劳动；机械工程师将自己的专业知识、操作经验和创新方法进行出版，成书过程中的排版、校对、印刷、装订等活动就属于生产劳动。

工人包装产品属于生产劳动 ●　　　　　演员进行戏曲表演属于非生产劳动 ●

3．简单劳动与复杂劳动

按照复杂程度的不同，劳动可分为简单劳动和复杂劳动。简单劳动指不需要经过专门训练和培养，每个劳动者都能从事的劳动，如清洁工作、搬运工作等，对劳动者要求低。复杂劳动指需要经过专门训练和培养，具有一定文化知识和技术特长的劳动者才能从事的劳动，如医生、律师的工作等，对劳动者要求高。

在同样的劳动时间内，简单劳动和复杂劳动所创造的价值量是不同的，复杂劳动在同一劳动时间内创造的价值往往高于简单劳动。例如，两位编织毛衣的工人用同样的时间完成毛衣编织。其中一位工人编织了一件普通毛衣，而另一位工人通过复杂的技术和工艺，编织出了带有精美花纹的毛衣。尽管两件毛衣的生产时间相同，但因为技术的差异，一般带有花纹的毛衣被认为更具价值，因此售价更高。

值得注意的是，简单劳动与复杂劳动的界限并非固定不变，而是随社会分工的细化、科技的进步及教育水平的提升而动态演变的，过去的复杂劳动可以转变为现在的简单劳动。这一转变不仅体现了社会进步的步伐，也预示着劳动形态的持续升级与转型。例如，随着人工智能（Artificial Intelligence，AI）工具的普及，诸如绘画、图片设计、文案创作等复杂劳动，可以借助AI工具的文生图、图生图和创意文案等功能轻松实现，使原本需要复杂创意和技能的工作变得更为简单和高效。

4．常规劳动与创造性劳动

按照劳动性质的不同，劳动可分为常规劳动和创造性劳动。常规劳动也称为重复性劳动，是指利用已有的知识、经验和技能，按照一定规律反复进行的劳动，如工厂的流水线作业、服务业的接待服务，以及日常生活劳动等。创造性劳动也称为创新劳动，是指突破惯常的思维方式、生产方式、组织方式，创造和运用全新的思维观念、知识技术、工艺流程等，从而提高劳动效率，或产出新知识、新方法、新技术、新成果的劳动，如产品研发、创意产品生产设计等。

常规劳动和创造性劳动既相互区别又联系紧密，两者的关系主要如下。

（1）常规劳动是创造性劳动的基础

常规劳动经过人们的反复实践，为创造性劳动提供了必要的知识、技能和经验基础。创造性劳动则是在常规劳动的基础上进行的创新和突破。可以说，没有常规劳动的积累，创造性劳动就无法产生。

（2）创造性劳动是常规劳动的推动力

常规劳动无法满足劳动的多样性和复杂性的需求时，会促使人们进行创造性劳动，而创造性劳动中所产生的技术成果也会应用到常规劳动中，以提高劳动效率和质量。可以说，没有创造性劳动的推动，常规劳动难以进步。

（3）常规劳动和创造性劳动可以相互转化

在一定条件下，常规劳动和创造性劳动可以相互转化。例如，某项技术经过反复实践和应用，逐渐成为一种常规操作；而当这项技术引入新的方法或技术时，这种常规操作可能被打破，成为一种创新操作。

除了以上几种分类，根据劳动者付出劳动的必要程度，劳动可分为必要劳动和剩余劳动；根据生产产品的类型，劳动可分为物质生产劳动和精神生产劳动；按照人数多寡和组织形式的不同，劳动可分为个人劳动和集体劳动。总之，劳动可以按照不同的标准，分为不同的类型。无论如何分类，都是为了更好地理解劳动、完成劳动。

● 课堂讨论 ●●●●●●●●●●●●●●●●●●●●●●●●●●●●●●●●

讨论主题：劳动分类。

讨论内容：

（1）生产劳动与非生产劳动有何不同？

（2）体力劳动和脑力劳动有什么区别？二者有严格的区分标准吗？

（3）复杂劳动创造的价值高于简单劳动，这说明复杂劳动优于简单劳动吗？

👁 案例阅读　　　　　　　　　**城市的美容师**

　　在平凡的岗位上，张显平是一位不折不扣的"热爱劳动"典范。他是一名普通的城市环卫工人，每天清晨，当第一缕阳光还未完全照亮街道时，张显平已经身着橙色工作服，手持扫帚，开始了他的劳动之旅。

　　张显平对工作的热爱不仅仅体现在日复一日的清扫上，更在于他对这份工作的深刻理解与尊重。在他看来，每扫净一寸土地，都是对这座城市美的贡献，是对居民生活环境的改善。他觉得：劳动让自己快乐，看到街道因为自己的努力而变得更加干净整洁，那种成就感和自豪感是无法用言语来表达的。

　　面对恶劣天气和繁重任务，张显平从未有过怨言。无论是酷暑难耐的夏日，还是寒风凛冽的冬日，他总是第一个到达岗位，最后一个离开。他的工作态度感染了身边的同事和路过的市民，许多人开始主动维护环境卫生，共同营造更加美好的城市环境。

　　张显平还积极创新工作方法，利用业余时间学习垃圾分类知识，并在实际工作中推广实施。他设计了一套简单有效的垃圾分类指导方案，不仅提高了工作效率，还促进了社区居民环保意识的提升。这种在劳动中不断创新、追求卓越的精神，正是热爱劳动最生动的体现。

　　张显平的事迹，如同一股清流，滋润着人们的心田，让更多人认识到劳动的价值与美好。他用自己的实际行动诠释了热爱劳动的真谛，成为我们这个时代最可爱的人之一。

　　点评：张显平是一名环卫工人，从他的工作性质看，他每日打扫街道卫生，维护城市环境，是典型的体力劳动者，而他积极创新工作方法，设计垃圾分类指导方案则是他脑力劳动的体现。同时，张显平始终坚守岗位，不畏艰辛，默默耕耘，将清洁与美丽带给城市，展现了他热爱劳动、辛勤劳动的光辉形象。我们需要认识到，现实中的生活、生产实践活动，体力劳动与脑力劳动或者生产劳动与非生产劳动往往不是独立存在的。但不论哪种劳动方式，只要劳动者认真负责、辛勤劳动都能实现自我价值，都可以为社会做出贡献。

1.1.3　劳动三要素

　　劳动三要素是指构成劳动过程的基本组成部分，它们分别是劳动者的劳动、劳动对象和劳动资料。三者在劳动过程中缺一不可，否则劳动不能顺利进行。

1. 劳动三要素的基本定义

　　劳动三要素中，劳动者的劳动强调的是人类有意识、有计划、有目的的活动，它不同于动物的本能活动。其中，劳动者是其自身劳动的启动者和主导者，劳动者的素质与能力，如经验、技能以及对劳动的热情与责任感等，对劳动成效起着决定性的影响。劳动对象是指劳动者在生产过程中加工或改造的一切物质资料，可以是自然界中未经人类加工的自然物，如矿产资源、森林资源、水资源等，也可以是经过人类劳动加工过的原材料，如棉纱、木材制品、各类金属材料等。劳动资料则是用来影响或改变劳动对象的一切物质资料和物质条件。劳动资料中最主要的是劳动工具，其他的劳动资料还包括动力系统、运输系统、信息传递系统等。

2．劳动三要素在劳动过程中的作用

在劳动过程中，劳动三要素相互依存、相互作用，共同推动着劳动活动的进行。

（1）劳动者的劳动的作用

劳动者的劳动是劳动过程中的能动因素，在劳动过程中起着决定性作用，通过劳动者的劳动，物质资料被转化为满足人们需要的产品。

（2）劳动对象的作用

劳动对象是劳动活动的客体，是劳动者进行劳动活动的对象和依据，没有劳动对象的存在，即便拥有最先进的工具与最精湛的技艺，劳动者也无法开展劳动，因为劳动行为失去了其作用的目标与实质内容。

（3）劳动资料的作用

劳动资料是连接劳动者和劳动对象的桥梁，是劳动者进行劳动活动的手段和工具。

劳动者的劳动、劳动对象和劳动资料三者缺一不可，共同构成了劳动过程的完整体系。例如，木匠加工木材的劳动过程中，木匠使用锤子、锯子等（劳动资料）通过锤打、割锯等（劳动者的劳动）对木材（劳动对象）进行加工处理，最终生产出桌、椅、床等劳动产品。由于在劳动中的作用不同，劳动对象与劳动资料有时并不是完全分开的。例如，在家畜饲养中，家畜既是饲养者的劳动对象，又是制造肥料的劳动资料；在农业生产中，土地既是农业生产者的劳动对象，又是农业生产者栽种农作物的劳动资料；在工业生产中，货车在被制造时属于劳动对象，在运输货物时又属于劳动资料。

在农业生产中，土地既是农业生产者的劳动对象，又是农业生产者栽种农作物的劳动资料 ●

3．劳动三要素对劳动者的影响及意义

劳动三要素对劳动者的影响深远且意义重大，主要体现在以下几点。

① 劳动者的劳动质量和效率直接影响生产过程的顺利进行和最终产品的品质，因此提高劳动者的素质、技能和经验是提高劳动生产率、推动社会进步的重要途径。

② 劳动对象的选择对劳动者的劳动方式和劳动强度也有重要影响，合理的劳动对象选择可以减轻劳动者的负担，提高工作效率。

③ 劳动资料的先进性和适用性直接关系劳动者的劳动环境和条件，良好的劳动资料和设施条件可以保障劳动者的安全和健康，提高工作的舒适度和满意度。

综上所述，合理配置和利用劳动三要素，对于保障劳动者的权益、提高劳动效率和推动社会进步具有重要意义。

👁 案例阅读　　　　　　任正非与华为

任正非，作为华为集团的创始人兼总裁，是中国科技界和企业界的杰出代表，他不仅是企业战略的制定者，更是企业文化的塑造者。在华为的发展过程中，任正非始终强调自主创新和艰苦奋斗的精神，鼓励员工不断学习、勇于创新，将个人智慧与团队力量紧密结合。他个人的经验、技能以及对科技的敏锐洞察力，为华为的技术突破和市场拓展提供了强有力的支持。

华为集团作为通信技术领域的领军企业，面对的就是复杂多变的通信技术。从最初的交换机代理到如今的5G技术领先者，华为不断将自然界的资源（如电磁波、光波等）转化为对人类社会有价值的通信技术产品和服务。任正非带领团队，深入探索通信技术的奥秘，不断突破技术瓶颈，为全球通信行业的发展做出了巨大贡献。

在不断创新的过程中，华为集团投入了巨资进行技术研发，从简单的测试设备到复杂的自动化生产线，再到全球领先的研发中心和实验室，华为不断升级和优化其劳动资料，为技术创新提供了坚实的物质基础。任正非深知技术创新是企业发展的核心动力，因此他始终将研发作为公司的首要任务，不断推动新技术、新产品的诞生。

点评： 任正非与华为的故事，揭示了劳动三要素在劳动过程中的重要作用。劳动者的智慧与领导力是企业成功的关键，而劳动对象和劳动资料的合理选择与高效利用则是实现价值创造和持续发展的基础。任正非以其非凡的才能和坚定的信念，带领华为在通信技术领域不断攀登高峰，不仅为中国科技产业树立了标杆，也为全球通信行业的发展贡献了智慧和力量。

• 课堂讨论

讨论主题：劳动三要素。

讨论内容：

（1）劳动三要素是哪些？各有何作用？

（2）劳动三要素之间有何联系？

1.1.4 劳动的价值

劳动，作为贯穿人类文明演进的一条主线，在人类社会的发展中占据着举足轻重的地位，它不仅是促进个体成长、实现自我价值的重要途径，还是驱动社会持续前行的不竭动力源泉。

1．劳动对个体成长的作用

马克思认为，全面发展的个人是指能从事多种活动的、在许多部门发展的和能够自由变换其劳动活动的个人。简单来讲，人的全面发展就是使自己成为复合型的人才，其特点是多才多艺，能够在很多领域大显身手。劳动是促进个体全面发展的重要途径，在个体的成长过程中扮演着至关重要的角色。

（1）强身健体

劳动，尤其是体力劳动，作为一种不可或缺的身体锻炼方式，其对增强体质的效用常常被低估。尽管体育运动常被视为强身健体的直接途径，但体力劳动在促进身体健康方面同样发挥着不容忽视的作用。在劳动中，身体需要不断地活动和运动，适量的体力劳动不仅有助于消耗身体中的能量和脂肪，增强肌肉和骨骼的强度和韧性，还能够促进身体的代谢，有助于保持身体健康。此外，劳动中的挑战与成就能够激发人的积极情绪，减轻压力，促进心理健康。

（2）增长才干见识

劳动不仅是创造物质财富的途径，更是个人才智增长与知识积累的广阔舞台。以农业劳动为例，人们通过亲身参与耕作实践，不仅能够直观认识各类蔬果，熟悉农作物的生长周期与栽培技巧，更在这一过程中深化了对自然界规律的理解和敬畏。劳动促使个体在解决问题与提高效率的实践中，主动探索、学习新知，优化工作流程，乃至创新理论与方法。这一过程不仅验证了"实

在实践中了解种植知识 ●

践是检验真理的唯一标准"，更强调了唯有通过劳动实践，方能获得实用知识，锻造解决实际问题的能力，实现个人能力与智慧的全面提升。劳动作为知识与技能的孵化器，不断激励着人们在动手操作中学习，在挑战中成长，最终达到知行合一的境界。

（3）磨炼坚强意志

拥有坚不可摧的意志力往往是决定一个人能否跨越终点线的关键。成功往往偏爱那些能够坚持不懈、勇往直前的勇士。劳动，特别是那些充满挑战性的体力劳动与复杂劳动，如同一座磨砺意志的熔炉，为个人提供了锻造坚韧不拔精神的宝贵机会。

艰苦的劳动条件不仅考验着个体的体力极限，更是对精神耐力与心理韧性的深度挑战。在重复而繁重的体力劳动中，面对身体的疲惫与环境的艰苦，每一次咬牙坚持都是对意志的一次锤炼，让人学会在逆境中寻找力量，培养出不屈不挠的斗争精神。而复杂劳动，因其对智力与策略的高要求，促使个体在解决问题的过程中学会策略性思考，面对失

败不气馁，从错误中吸取教训，逐步建立起面对困难时不轻易放弃的坚定信念。

通过这些挑战性的劳动实践，人们能够学会自律，懂得坚持的价值，明白成功往往源自无数次跌倒后的重新站起。这些经历如同风雨后的彩虹，不仅让人在精神层面上得到升华，更是在个人品格上留下了深刻的烙印，为日后的职业生涯乃至整个人生道路铺设了坚实的基石。因此，劳动实际上是通往内心强大与事业成功的必经之路，是培养出百折不挠、勇于担当之精神特质的宝贵途径。

（4）发展思维

瑞士心理学家让·皮亚杰（Jean Piaget）是儿童心理学、发生认识论的创始人，他通过研究得出结论：人的知识来源于动作，动作是感知的源泉和思维的基础。也就是说，思维的形成和发展需要劳动活动中各种因素的刺激。如果一个人从小就不允许参与劳动活动，那么他的思维发育会受到严重影响。人们可以从学习中获得思维能力，如学习数学可以刺激人的精确思维能力的发育；人们也可以从劳动中获得提升适应环境的能力。劳动是一种以成果为目标的特殊活动，这种活动有助于刺激人们思维能力的发育。让·皮亚杰的研究说明，如果不进行一定量的劳动，人的思维发展会受到影响。当一个人长期缺乏劳动时，思维会变得越来越迟钝。因此，大学生应该在繁忙的工作或学习之余安排一点时间从事生活、生产劳动，使自己的身心更加放松、思维更加活跃、注意力更容易集中。

（5）提升实践能力

人们可以通过劳动实践不断提升实践能力。例如，现在一些大学生独立能力不足，他们在生活中遇到困难时，总是习惯于向教师、父母求助。而在劳动实践中，大学生需要善于思考，独立完成劳动任务，这可以帮助大学生提升独立能力、掌握独立生活的本领。又如，人们在集体劳动中，为了提高工作效率、保证工作质量，需要协调合作，建立紧密的人际关系，相互沟通交流，分享工作经验和劳动成果，这一过程能够增强人们的组织协调能力、社交能力和语言表达能力。

（6）实现自我价值

劳动不仅是社会活动的基石，更是每个人实现自我价值和生命意义的重要通道。无论是田间地头中的辛勤劳作、演艺舞台上的华彩身影、文学殿堂里的优美篇章，还是科研领域的创新突破，背后无不凝聚着劳动者无数个日夜的不懈努力与辛勤劳动。各行各业的劳动者，正是通过日复一日的辛勤付出，在为社会的繁荣和国家的建设添砖加瓦的同时，也能从中获得内心深处的满足感与成就感，这不仅仅是个体自我价值的达成，更是通过服务社会、帮助他人，共同推动人类文明向前迈进的宏大价值体现。劳动，作为个体与集体、个人与社会之间的桥梁，让每一个参与者在创造物质与精神财富的同时，也实现了自我价值的全面提升，是通向个人价值实现的必经之路，是生命价值绽放的绚烂舞台。

2. 劳动对促进社会发展的意义

如果没有人参加劳动，社会就没有存在的意义。正如马克思所言："任何一个民族，如果停止劳动，不用说一年，就是几个星期，也要灭亡。"劳动对促进社会发展的意义早有定论：劳动是人类社会存在和发展的基础、劳动创造社会物质财富、劳动改造和完善人类社会。

（1）劳动是人类社会存在和发展的基础

动物界遵循本能的生存法则，如羊群吃草、狮群捕猎，这些行为是其生存本能的直接体现，旨在维持物种的基本生存需求。然而，人类社会的维系与进步远不止于此，其需求层次丰富多样，且处在持续的演变之中。从基本的温饱、居住需求，到交通便捷的追求，再到信息时代的高效数据处理与沟通需求，人类社会的发展清晰展现了对劳动的依赖。

人类社会的发展不仅仅局限于物质文明的积累，精神世界的充实同样重要。书籍、艺术、音乐、电影等精神食粮的创造与传播，同样离不开劳动的参与。无论是物质财富的创造还是精神财富的积累，都是人类劳动智慧的结晶，是劳动使人类社会从原始走向现代，从匮乏迈向富足，从封闭进入互联互通。因此，劳动不仅仅是个人生存的手段，更是人类社会存在与发展的根基。

（2）劳动创造社会物质财富

法国哲学家圣西门的名言深刻地指出："为人类的幸福而劳动，这是多么壮丽的事业，这个目的有多么伟大！"诚然，自然界慷慨地赋予了我们水、空气、阳光、土地和林木等丰富的资源，这些都是人类生存与发展的基本要素。然而，尽管空气与阳光等少数自然资源能够较为直接地满足人类的基本需求，绝大多数自然资源却无法直接转化为支持人类社会发展的物质财富。这就需要人们通过劳动，改变自然物原本的形态和性质，将其转化为人类可以利用的社会物质财富。也就是说，创造社会物质财富必须具备两个条件：一是客观存在的自然物，二是人类有目的的劳动。

（3）劳动改造和完善人类社会

回顾人类社会的发展史，从原始社会到奴隶社会、封建社会，再到现代文明社会，人类社会的物质文明和精神文明总是在不断发展、进步和完善。社会越进步，物质文明和精神文明就越发达。美国历史学家、人类学家路易斯·亨利·摩尔根在《古代社会》一书中，根据人类"生存技术"的进步，将人类社会历史进程划分为蒙昧时代、野蛮时代、文明时代3个时代。恩格斯曾这样概括人类社会发展的3个时代："蒙昧时代是以采集现成的天然产物为主的时期"，"野蛮时代是学会经营畜牧业和农业的时期，是学会靠人类的活动来增加天然产物生产的时期"，"文明时代是学会对天然产物进一步加工的时期，是真正的工业和艺术产生的时期"。也就是说，划分人类社会历史进程，主要以生产劳动的方式为依据。可见，正是人类的劳动不断改造和完善社会，推动社会发展。

◉ 案例阅读　　　　　　　**都江堰水利工程**

都江堰水利工程始建于公元前256年的战国末期，位于中国四川成都平原西部，是秦国蜀郡太守李冰父子领导民众修建的一项宏大水利工程，该工程至今仍发挥着重要作用，灌溉着成都平原这片肥沃的土地，是成都平原被誉为"天府之国"的关键。

在都江堰的建设过程中，李冰父子与民众的智慧与劳动不仅是体力的付出，更是一种智力的结晶。他们面对自然挑战，不断学习、探索、创新，通过观察水流、地形，创造性地设计了无坝引水的方案，包括鱼嘴分水堤、飞沙堰、宝瓶口等精妙构造，使堤防、分水、泄洪、排沙、控流相互依存，共为体系，保证了防洪、灌溉、水运和社会用水综合效益的充分发挥。

都江堰水利工程的建立开创了中国古代水利史上的新纪元，标志着中国水利史进入了一个新阶段，是中国古代人民智慧的结晶。都江堰充分利用自然资源，通过无坝引水、自流灌溉的方式，既有效防治了水患，又灌溉了大片农田，大大提高了粮食产量，保障了当地乃至周边地区的粮食供应，极大地改变了成都平原的命运。至今，它仍在发挥着重要作用，对当地的经济发展、生态环境保护以及文化旅游等方面产生了积极影响。

都江堰水利工程之宝瓶口 ●

点评： 都江堰水利工程深刻体现了劳动对促进社会发展的意义。第一，都江堰的建设是一项浩大的集体劳动成果，它集合了当时人民的智慧与汗水，展示了集体协作的力量，是劳动创造巨大社会价值的直接体现。第二，这项工程极大地促进了农业发展，提高了粮食产量，保障了人民的粮食安全，为社会稳定和经济发展奠定了基础。第三，都江堰至今仍在发挥作用，2 000多年来持续地证明了古代劳动成果对后代的深远影响，是劳动促进社会可持续发展的有力证明。

● **课堂讨论** ···

讨论主题：劳动的意义和价值。

讨论内容：

（1）人为什么要劳动？

（2）我们应该如何对待在艰苦环境中的劳动？

（3）劳动对个人实现自我价值与促进社会发展有何作用？

1.1.5　劳动的发展趋势

社会不断发展，科学技术不断进步，劳动环境、劳动关系等是动态变化着的。经过长期努力，我们踏上了全面建设社会主义现代化国家、全面推进中华民族伟大复兴的新征程。新时代的劳动形态多元化和社会的持续发展也对劳动者的素质提出了更高的要求。

1．新时代的劳动形态

劳动形态与劳动工具密切相关。依据人类劳动所使用的劳动工具的不同，可以将劳动形态划分为手工劳动、机器劳动和智能劳动。当代社会的劳动形态是手工劳动、机器劳动和智能劳动多元并存的。

（1）手工劳动

手工劳动是指使用简单工具，依靠手工进行生产活动的过程，它是劳动最初、最基础的表现形式之一。

手工劳动在人类早期文明的开创与积累中发挥了重要作用，其劳动组织形式经历了从家庭手工业到工场手工业的演变。家庭手工业以家庭为生产单位，产品除满足家庭的需要外，多余的予以出售。工场手工业则是资本雇佣劳动者的生产形式，手工工场将不同加工工序分配给具有专门技艺的劳动者，通过他们的分工协作，劳动生产率得到较大的提高，生产规模不断扩大。

当代社会，手工劳动日益呈现出更加个性化的趋势。人们对待手工劳动，已不仅仅是将其视为单一的谋生手段，而是将其视为展示自我个性的生活状态或者作为表达自我个性的载体。手工劳动还以文化传承的形态继续存在并得到发展。例如，当代的手工艺强调传统与现代的融合，既保留传统手工艺的文化价值和艺术性，又通过技术创新和融入现代设计理念，使手工艺制品符合现代生活的需求和现代审美，如惠安木雕、苏绣等。另外，尽管社会生产力在不断发展，新型劳动工具不断涌现，但在现代社会，手工劳动仍有一席之地，并在一些领域与其他劳动形态互为补充。例如，机器可以生产各种部件，而部件的衔接则可以通过电焊工进行精细化的手工操作处理。

（2）机器劳动

机器劳动主要指在工业时代，以机器（如各种机床、纺织机、发电机、起重机等）为主要劳动工具进行的生产活动。在机器劳动中，劳动者不再是生产过程的主要作用者，而是为机器的运行提供必要支持的辅助者。这种劳动形态下，劳动者的角色和职责发生了变化，他们负责"看管"机器并需要掌握操作机器的技能，以确保机器顺畅运转。

机器劳动的发展大致经历了两个主要的阶段：以蒸汽机的发明与使用为标志的第一次工业革命（该阶段被称为"蒸汽时代"）和以电力的发现与应用为标志的第二次工业革命（该阶段被称为"电气时代"）。在蒸汽时代，蒸汽机的使用极大地提高了生产效率，催生了以能源为动力的劳动工具的根本性变革，促进了机器化大生产的形成。这一阶段，科学技术的发展为生产提供了许多重要的发现和发明，为机器劳动的发展奠定了基础，由此拉开机器劳动取代手工劳动成为主要劳动形态的序幕。在电气时代，劳动工具主要是以电力为动力的电动机与以石油等化学能为动力的内燃机。电力的广泛应用、内燃机的创造和应用推动了机器化大生产的电气化，使得机器劳动进入电气化阶段，极大地提高了生产效率。

当前，机器劳动仍然是国家产业体系的重要组成部分。2024年9月，中华人民共和国国家

机器劳动中，劳动者负责"看管"机器进行生产活动 ●

发展和改革委员会召开专题新闻发布会，会上指出机器设备是生产力的重要组成部分，是现代化产业体系的"骨架"。会上还指出，随着新型工业化、城镇化持续深入推进，各类设备更新需求越来越大。以提高技术、能耗、排放等标准为牵引，加快实施设备更新行动，对促进产业升级、发展新质生产力具有重要意义。此外，机械制造这一典型的机器劳动的支撑者在国家工业体系中扮演着基础性角色，能够为国民经济提供技术装备，对经济发展和技术进步有着深远的影响。

（3）智能劳动

计算机的出现与互联网的诞生将人类社会推进到"信息时代"。在"信息时代"，信息技术发展迅速，推动了智能劳动的发展。

智能劳动是以数字技术和信息技术为基础，随着劳动工具智能化而逐渐发展起来的新型劳动形态。具体来说，就是运用物联网、大数据、云计算、AI等新兴技术和智能劳动工具，推动劳动方式的智能化、管理的智能化和服务的智能化。智能劳动的出现表明机器不仅能够替代人的体力劳动，还能够替代人的脑力劳动。

智能劳动在当代社会和未来一段时期的典型形态当属数字劳动。简单来说，数字劳动是主要依靠数字技术和信息技术，创造和生产数字产品的劳动。数字产品是虚拟产品的主要组成部分，这些产品以数字化形式存在，如电子书、数字音乐、软件、视频等。与实体产品不同，数字产品可以通过互联网进行传输，消费者可以直接在线购买和使用。数字劳动典型的应用如通过AI工具自动生成文本、图像、音频、视频等内容，经过人工审核编辑后形成数字产品。同时，随着数字经济的蓬勃发展，数字劳动的内涵和外延不断扩展，其中涉及的劳动者群体十分广泛，除了从事数字职业的劳动者外，还包括外卖配送员、网约车司机、短视频博主、网络主播、网络小说作家等，他们通过不同的形式参与到数字产品的生产和消费中，推动了数字经济的发展。数字劳动的外延扩展了灵活就业的范围，使过去难以进入产业链条的劳动者得以突破身体、职业、受教育水平、技能水平等条件限制，以数字劳动实现自身价值。例如，因意外失去双臂、双腿也失去知觉的"90后"农村小伙孙亚辉找工作四处碰壁，在接触网络直播后，通过直播带货赚钱养家，实现个人价值。

此外，智能劳动在创造物质财富的生产劳动中的应用也很广泛。常见的是在工业生产中，利用工业机器人进行流水线生产，代替人类从事重复性的体力劳动，如搬运、焊接、喷涂、装配等，从而提高生产效率和产品质量。工业机器人虽然替代越来越多的体力劳动，将人类逐渐从重复、枯燥的工作中解放出来。但技术进步并非工业机器人力所能及，工业机器人及其技术研发等必须依靠人类完成。

总体来看，劳动形态的发展过程并非简单的新旧替换的过程，而是旧的劳动形态部分被淘汰或做适应性调整后，与新的劳动形态融合并存。手工劳动、机器劳动、智能劳动这3种劳动形态之间融合共存就是新时代劳动形态的典型特征。

◉ 案例阅读

自动驾驶：重塑未来出行新风尚

　　自动驾驶技术，这一融合了 AI、传感器、雷达及全球定位系统的前沿创新应用，正悄然改变着我们的出行世界。在自动驾驶汽车里，激光雷达、摄像头、超声波传感器等各式传感器如同汽车的"眼睛"和"耳朵"，实时捕捉着周遭的一切，而高精度的地图和实时定位系统则如同汽车的"大脑导航"，精准定位车辆，洞悉路况。

　　依托详尽的路况数据信息，车辆内置的先进 AI 算法和模型，犹如一位经验丰富的"老司机"，能够自主决策，精准操控，让自动驾驶既安全又高效。对于驾驶员而言，这无疑是巨大的福音。他们可以将更多的时间和精力投入其他事务中，驾驶的效率和出行的舒适度、愉悦感都因此大幅提升。

　　更令人振奋的是，自动驾驶技术的广泛应用，将为交通效率带来革命性的提升。智能驾驶汽车与智能交通系统数据互通，能够实时获取交通信息，做出更明智的驾驶决策，巧妙避开拥堵路段，减少无效的行驶距离和时间。而自动驾驶汽车之间的协同行驶，能够进一步优化交通流，减少拥堵，提高道路通行能力。

　　当然，自动驾驶技术的全面落地仍面临不少挑战，如技术可靠性、安全性需不断提升，相关法律法规需逐步完善。但毫无疑问，自动驾驶技术的发展势头不可阻挡，势必将重塑我们的出行方式，让我们的出行变得更加便捷和高效。

　　点评：在智能劳动背景下，各种新兴技术成为劳动创新的强效催化剂，其影响深远且广泛。自动驾驶技术的出现和发展，不仅推动了交通运输行业的劳动创新，还带来了劳动面貌的深刻变革。这种变革不仅提高了劳动者的效率和舒适度，还为劳动者提供了更多的就业选择和机会。我们应该积极"拥抱"新技术，推动劳动创新，以适应时代发展的需求。

2. 新时代的劳动关系

　　劳动关系是生产关系的重要组成部分，是在劳动过程中劳动者与劳动力使用者之间形成的社会关系。劳动关系的主体是劳动者和用人单位，建立劳动关系需要双方达成协议，用人单位与劳动者之间形成雇佣关系，用人单位需向劳动者提供必要的劳动条件，并向劳动者支付劳动报酬。劳动者应当完成劳动任务，提高职业技能，执行劳动安全卫生规定，遵守劳动纪律和职业道德。

　　伴随数字经济的蓬勃发展，一种新型的职业形态——数字职业也应运而生。所谓数字职业，是数字劳动的职业体现。数字职业的出现改变了人们的传统认知，日益成为数字经济时代人们生产生活中不可或缺的劳动形式，并催生出了灵活就业、居家办公等新的工作模式。数字职业具有弹性的工作时间、劳动更加自主、劳动方式多元化等特点，导致了劳动关系的重构，从而使得劳动领域出现了新型劳动关系。劳动者要适应新技术、新模式、新形态的发展，需要补齐劳动立法的短板，将劳动关系的新变化纳入法律调整的范畴，形成系统化的劳动法典，以更好地规范劳动领域的社会关系，维护数字劳动者的合法权益。

2022年11月，人力资源社会保障部会同国家市场监督管理总局、国家统计局正式修订颁布《中华人民共和国职业分类大典（2022年版）》，该大典首次增加"数字职业"标识。人工智能工程技术人员、大数据工程技术人员、云计算工程技术人员、计算机网络工程技术人员、信息安全工程技术人员、网络编辑、电子商务师、全媒体运营师、互联网营销师、信息安全测试员等都属于数字职业范畴。数字经济时期，各国学界、学者为改善数字劳动者的工作和生活状况，不断创新研究方法。而我国的正面回应和建制化，是对数字劳动者的认同，同时为其职业行为规范、权益保障和社会监管提供了进一步发展、改善的空间和可能。

总之，新时代旨在构建和谐的劳动关系，劳动者与劳动力使用者双方协调一致和互利共赢。和谐的劳动关系是社会和谐的基础，是实施就业优先战略的重要内容，是促进劳动者体面就业、幸福劳动的基本条件。其目标的达成在于劳动者、用人单位及其他相关的第三方（如工会、政府部门）基于法律法规及政策对劳动关系的治理和规范化。

3．未来对劳动者的素质要求

未来，智能劳动的渗透范围会越来越广泛，各行各业势必会被大数据、云计算、AI等新兴技术和智能劳动工具所改造，以提高劳动效率。在此背景下，能够使用甚至创造智能化劳动工具（如AI工具）的劳动者将具有更强的市场竞争力，拥有更好的发展潜力。

大学生要拓宽视野，积极关注新兴技术在各行各业中的应用和发展趋势。同时，由于智能劳动下的技术更新迅速，因此大学生应积极培养和增强自学能力，帮助自己不断吸收新知识、新技能，使自己适应科技发展和社会变化，能更出色地完成各种劳动任务。

除了能力素质，劳动者还需要提高身心素质和职业道德，只有保持身心的健康平衡，个体才能更好地适应社会环境、应对各种挑战并取得更好的工作和生活成就。而良好道德品质和行为规范，则是一个人在职业生涯中立足的基础，也是整个社会和组织正常运转的重要保障。

👁 **案例阅读**

劳动的"变"与"不变"

秦世俊，航空工业哈尔滨飞机工业集团有限责任公司数控车间的数控铣工、高级技师，曾获全国劳动模范、最美职工、全国五一劳动奖章、大国工匠年度人物等荣誉。

秦世俊自参加工作以来，便爱学、肯钻研，仅用4年时间就成为公司最年轻的数控技术方向的高级技师。秦世俊专心于公司的科研生产，他在直升机升力系统和起落架系统零部件研制和批产工作中，勇于技术创新，自制工装、夹具，进行产品改革，为公司节约大量成本，并申报多项国家专利。他率领以他名字命名的"秦世俊高技能人才（劳模）创新工作室"团队，共申报国家专利20多项，解决了多项攻关课题，保障了亚丁湾护航、国庆阅兵、科考护航等重要项目。

秦世俊认为，与父辈们相比，现在的劳动环境大大改善，产品加工靠软件控制、操作智能，使得加工精度和工作效率得到成倍提升。工作条件越来越好、工作效率越来越高，这样的变化说明国家在发展、社会在进步。但无论时代如何变化，劳动永远是推动经济社会发展的基础，脚踏实地、爱岗敬业的劳动观念不能丢，这样年轻一代的工人才能走好现代化工业之路。

点评： 在秦世俊看来，生产操作越来越智能化、工作条件越来越好、效率越来越高，这些是劳动动态变化的一面，劳动推动经济社会发展，劳动者保持脚踏实地、爱岗敬业的劳动观念则是劳动不变的一面。对劳动"变"与"不变"的清楚认识是秦世俊成功的经验，支持他持续技术创新，为企业和社会做出突出贡献。大学生理解劳动的"变"与"不变"，对其个人成长和职业生涯发展有莫大的帮助。劳动者需要提升劳动技能和职业素养，适应劳动环境、劳动形态、劳动工具的变化，并通过技术创新、科技创新助力提高劳动效率，但无论劳动环境、劳动形态、劳动工具如何变化，劳动者始终应秉持崇尚劳动、热爱劳动的态度，通过辛勤劳动实现自我价值。

• **课堂讨论**

讨论主题：劳动的发展趋势。

讨论内容：

（1）智能劳动是否能够完全替代手工劳动？

（2）数字职业的不断出现，是否为大学生的职业发展提供了新机遇？

（3）你认为未来具备怎样素质的劳动者更有市场竞争力？

1.2　劳动教育

劳动教育不仅是新时代中国特色社会主义教育制度的重要内容，也是引导学生正确认识劳动价值、锻造实践能力的关键举措。大学生需要了解劳动教育的含义、目标、内容和途径，积极接受劳动教育，以期成为一名优秀的劳动者。

微课：劳动教育

1.2.1　劳动教育的含义

中共中央、国务院印发的《关于全面加强新时代大中小学劳动教育的意见》中对劳动教育基本内涵的解释："劳动教育是国民教育体系的重要内容，是学生成长的必要途径，具有树德、增智、强体、育美的综合育人价值。实施劳动教育重点是在系统的文化知识学习之外，有目的、有计划地组织学生参加日常生活劳动、生产劳动和服务性劳动，让学生动手实践、出力流汗，接受锻炼、磨炼意志，培养学生正确劳动价值观和良好劳动品质。"

可见，劳动教育是有目的、有计划地向学生传递劳动知识和劳动技能，培养学生良好的劳动态度和劳动习惯，使学生形成正确的劳动价值观并具有一定的劳动权益保护意识，提高学生劳动素养的教育实践活动。

• **课堂讨论** ·········○·

讨论主题：大学生劳动教育。

讨论内容：大学生劳动教育与中小学劳动教育有何不同？

1.2.2　劳动教育的目标

我国实施劳动教育的主要目标，可以归纳为以下几点。

1．树立正确的劳动观念

让学生正确理解劳动是人类发展和社会进步的根本力量，明白劳动能够创造人、创造价值、创造财富、创造美好生活的道理，热爱劳动，尊重劳动者，牢固树立劳动最光荣、劳动最崇高、劳动最伟大、劳动最美丽的思想观念。

2．具有必备的劳动能力

让学生掌握基本的劳动知识和技能，正确使用常见的劳动工具，增强体力、智力和创造力，具备完成一定劳动任务所需的设计、操作能力及团队合作能力。

3．培育积极的劳动精神

让学生领会"幸福是奋斗出来的"的内涵与意义，继承并发扬中华民族勤俭节约、敬业奉献的优良传统，弘扬开拓创新、砥砺奋进的时代精神。

4．养成良好的劳动习惯和品质

让学生能够自觉自愿、认真负责、安全规范、坚持不懈地参与劳动，形成诚实守信、吃苦耐劳的品质；珍惜劳动成果，养成良好的消费习惯，杜绝浪费。

👁 **案例阅读**　　　　　　**匠心点亮焊途，平凡成就非凡**

　　李万君是中车长春轨道客车股份有限公司的电焊工、首席操作师，在中车长春轨道客车股份有限公司（简称"中车长客"，原长春客车厂）任职30余年，先后荣获全国技术能手、全国劳动模范、全国五一劳动奖章、大国工匠年度人物等荣誉或奖项。

　　李万君1987年从职高毕业后，便进入中车长客焊接车间工作，成为一名焊工。李万君的父亲李世忠曾是中车长客的劳动模范。李万君立下志向：要像父亲一样，当一名像样的技术工人。李万君开始不停地向老师傅讨教焊接技艺，哪个师傅的活干得好，他就在哪个师傅旁边看，自己再起早贪黑地练习。从1997年到2007年，李万君先后3次代表中车长客出征吉林长春市焊工大赛，3次获得冠军。

2007年，"和谐号"动车组在中车长客试制生产。转向架环口处的焊接是承载车体重量的关键受力点。李万君反复研究摸索，总结出"环口焊接七步操作法"，成功突破国外技术封锁，保证了动车组转向架的批量生产。2017年，他带领团队成功攻克我国自主知识产权"复兴号"转向架的多项难题，助推中国高铁不断领先领跑。2010年至今，李万君在企业内培养出一批批技能精湛、职业操守优良的技能人才，为打造大国工匠储备了坚实的新生力量。

手握焊枪，李万君坚守在高铁焊接生产一线30多年，从一名普通焊工成长为中国高铁焊接专家，为我国高铁高质量发展做出了特殊贡献，是"中国第一代高铁工人"中的杰出代表，被誉为"高铁焊接大师"。

李万君为徒弟示范焊接技巧
（图片来源：人民日报）

2024年11月，备受期待的《大国工匠年鉴》（首卷）正式启动编辑工作，李万君入编年鉴。通过李万君的事迹，向社会传递工匠精神的重要性，将鼓励更多的人投身于技术创新和职业技能提升。

点评：李万君职业生涯的成功是劳动光荣、技能宝贵的生动写照。他从一名普通焊工，通过不懈努力，成为高铁焊接领域的专家，展示了劳动不仅仅是谋生的手段，更是实现个人价值、贡献社会的途径。站在大学生的角度而言，大学生接受劳动教育就需要以李万君等优秀的劳动者为榜样，树立正确的劳动价值观，通过劳动创造美好未来，为实现个人价值和社会价值奋力拼搏。

• 课堂讨论 ･･････････････････････････････････

讨论主题：大学生劳动教育的目标。

讨论内容：大学生接受劳动教育应该达成哪些目标？

1.2.3 劳动教育的内容

劳动教育的根本任务是发展人、培养人、提升人，在此前提下，我国劳动教育涉及劳动价值观、劳动品质与态度、劳动科学知识与能力、劳动实践等方面的教育内容。

1．劳动价值观的教育

劳动价值观的教育可以让学生认识到劳动的意义和价值，能够使学生理解马克思主义劳动价值观和新时代中国特色社会主义劳动价值观，崇尚劳动、尊重劳动，懂得劳动最光荣、劳动最崇高、劳动最伟大、劳动最美丽的道理，在辛勤劳动、诚实劳动、创造性劳动中成就梦想。

2．劳动品质与态度的教育

劳动品质与态度的教育有助于激发学生的学习热情，使学生形成尊重劳动成果和尊重劳动人民的高尚品质，发扬艰苦奋斗的优良传统，树立热爱劳动、辛勤劳动、诚实劳动、合法劳动的正确态度。

3．劳动科学知识与能力的教育

劳动科学知识与能力的教育主要是让学生明确劳动科学体系，掌握劳动科学知识。大学生应当掌握一定的劳动伦理知识、法律知识、保护知识、就业知识及心理健康知识等与劳动相关的科学知识，还需要通过劳动教育逐步学习并提高自我管理能力、时间管理能力及沟通能力等具有个体心理特质的劳动能力。

4．劳动实践的教育

劳动教育不仅应该重视学习劳动理论知识，还应该重视劳动实践活动，因为脱离实践的理论空洞而苍白。劳动教育中的劳动实践内容主要是组织学生积极参加生产劳动、社会服务、公益活动，在实践过程中引导学生运用所学知识和技能进行劳动，并鼓励学生进行科技创新，在社会实践中参与技术改造、工艺革新、技术传播，为社会和经济发展贡献自己的力量。

● **课堂讨论** ●●

讨论主题：劳动教育的主要内容。

讨论内容：

（1）劳动教育提倡哪些价值观？

（2）劳动品质、劳动态度、劳动科学知识与劳动能力教育的内容分别是什么？

1.2.4　劳动教育的途径

在大学生劳动教育中，高校承担着重要的教育和指导作用。新时代加强劳动教育的必然要求，促使高校在专业教育、创新创业教育、产教融合模式中开展行之有效的劳动教育。这使得大学生接受劳动教育的途径变得更加丰富。

1. 专业教育

许多高校在专业教育中加强劳动教育，深入挖掘通识课程、专业课程、价值教育和第二课堂活动（相对于课堂教学而言）中的劳动教育资源，建构了多元化的劳动教育体系。这种多元化的劳动教育体系使大学生提高劳动素养，增强动手能力，掌握过硬本领。

（1）通识劳育

许多高校会开设劳动教育通识课程，大学生可从中系统学习劳动法律、劳动关系、劳动经济、劳动社会保障、劳动安全和职业卫生等劳动科学基础知识，促使大学生热爱劳动、善于劳动。

（2）专业劳育

许多高校通过把劳动教育融入专业课程学习，构建具有本专业特色的劳育价值体系。大学生应从中了解本专业劳动市场的发展趋势、对专业人才的技能需求等，以本专业大国工匠、劳动模范为学习对象，在专业实践活动中强化劳动知识和技能训练，培养工匠精神和劳模精神。

（3）价值劳育

许多高校把劳动教育融入价值教育，形成德育和劳育的协同效应。例如，在"马克思主义基本原理概论"课程中强化劳动经典解读，深化马克思主义劳动观教育；在"形势与政策"课程中加入当前劳动力市场的分析与发展展望。大学生在学习过程中，应形成正确、成熟的择业观、就业观和创业观。

（4）实践劳育

许多高校把劳动教育融入了第二课堂，全面推进劳动教育与大学生社会实践、创新创业教育、职业生涯教育、就业指导、产教融合及校园文化的结合。大学生通过形式多样的实践锻炼，在提高综合素质的同时，理解并由衷认可劳动最光荣、劳动最崇高、劳动最伟大、劳动最美丽的道理。

2. 创新创业教育

高校创新创业教育是指以培养学生的创新思维、创新精神、创业意识和创业能力为基本价值取向的教育理念和教育模式。它不仅包括理论教学，还强调通过创新活动或创业比赛等方式（如科研创新活动、创意设计竞赛、创业计划大赛等），将理论知识与实际应用相结合，运用于实践项目中。

高校在创新创业教育体系中发挥着关键作用。它们通过开设相关课程、提供创业指导和培训、组织实践活动等方式，搭建创新创业教育的桥梁和平台，帮助学生将创新构想转化为现实。大学生要依托学校组织的创新创业实践项目，积极参与，在模拟环境中全程体验市场调研、产品开发、团队管理等创新创业实践环节。在实际操作的过程中，大学生要学习如何将理论知识应用到解决实际问题中，通过亲身实践强化解决实际问题的能力，有效提升应对复杂问题的能力，培养劳动精神、首创精神和服务意识，使自己成长为企业、社会所需要的高素质人才。

3．产教融合教育

产教融合是指学校根据所设专业，积极开办与专业相关的产业，把产业与教学密切结合，相互支持，相互促进，把学校办成集人才培养、科学研究、科技服务为一体的产业性经营实体，形成学校与企业浑然一体的办学模式。简而言之，产教融合是产业与教育合作的办学模式，是学校为提高其人才培养质量而与行业企业开展的深度合作。

产教融合以真实的产品生产为基础，进行专业实践教学，让大学生在产品生产中学到真本领，让大学生的生产活动产生效益，实现校企双赢。其具体的实施办法一般如下：以学校现有的专业实训厂房和产品加工设备为载体，引入管理和技术较为先进的企业加盟。由学校提供厂房、设备，企业提供产品并安排生产工人、技术人员、管理人员作为兼职教学人员，开展校企合作，进行产品生产和人才培养。在生产中，校企共同制订产教结合的教学生产计划，让大学生参与生产，在生产中学习技术。

产教融合模式加强了学校教育与工作世界的联系，建构出面向职场的教学课程，是使大学生顺利就业、成功就业的重要举措。大学生在产教融合的教育模式下需要重视以下几个方面，以全面提升自身能力。

（1）牢固树立劳动观念

在产教融合的教育模式下，大学生是校企双方的服务对象，应以真实的生产实践项目为载体、以任务为驱动、以行动为向导，充分调动起学习积极性。在生产实践中，大学生不仅要通过干一些力所能及的体力劳动锻炼毅力，还要通过参与生产学习将课堂知识应用到实际生产，实现教育与生产劳动相结合，进而增强职业荣誉感、培育精益求精的工匠精神和爱岗敬业的劳动态度。

（2）提高专业技能水平

在产教融合的教育模式下，大学生能够在真实的工作场景中学习、操作实践，不仅要积极参与实验课、实训课等实践课程，锻炼自己的动手能力和实践技能，掌握劳动工具的使用和维修，还要主动了解企业的实际运营流程，熟悉工作岗位的要求，提升自己解决实际问题的能力，并关注行业的发展趋势和市场需求，据此及时调整自己的学习方向和计划，提高自己的就业竞争力。

（3）提升职业素养

在产教融合的教育模式下，教学实行标准化管理，包含专业细致的绩效评价，对大学生行为习惯的养成有较好的规范性和约束性。大学生在产教融合的教学中应该主动地以企业员工为标准，提升自己的职业素养，助力自己完成由"学生角色"向"职业角色"转变，增强面向工作世界的适应力。

● 课堂讨论 ···

讨论主题：劳动教育的途径。

讨论内容：

（1）大学生应该如何通过接受劳动教育提高劳动能力和素养？

（2）你对学校的劳动教育有什么意见和建议？

实践活动——体验校园劳动者的一天

1．活动目的

在"体验校园劳动者的一天"实践活动中，大学生通过亲身参与劳动，能够加深对劳动的意义和价值的理解，提高动手实践能力和解决问题的能力，培养责任感，并养成良好的劳动习惯和品质。

2．活动内容

学校的劳动者除了教育工作者外，还包括保洁员、水电工、网络维修工、绿化工、厨师、食堂服务员、保安和宿管等群体。这些劳动者在校园中扮演着重要的角色，他们的辛勤工作是校园正常运转的重要保障，为师生提供了良好的学习和生活环境，值得我们尊重和感谢。

请你结合自身条件选择一种职业类型开展实践活动。例如，做一名保洁员负责打扫校园卫生；做一名电工负责检查电力设备，排除安全隐患；等等。

3．活动要求

学生选择在老师或学生社团组织的帮助下与相关劳动者建立联系，说明来意。在征得劳动者的同意后开展实践活动。在实践过程中，学生应听从指挥，在劳动者的指导和帮助下积极劳动、安全作业，不添乱、增加劳动者的负担，保障自身安全。完成实践活动后，形成一份劳动实践活动报告，说明工作内容和总结劳动收获等，如表1-1所示。需要注意的是，实践过程中应拍照或拍摄视频展示劳动风采，切勿"摆拍作秀"。

表 1-1 "体验校园劳动者的一天"实践活动报告（示例）

实践时间	2025年3月1日
实践岗位	保洁员
劳动内容 （附劳动照片）	（1）清扫校园路面垃圾 （2）拾捡校园绿化带中的垃圾 ……
实践总结 （劳动心得体会）	如遇到的困难、挑战与解决方法；劳动的成果如何；需要改进和进一步学习的地方

思考练习

1．建筑工人使用抹泥板和砖刀建筑房屋、纺织工人用织布机纺纱织布、作家用钢笔或计算机写作、地质学家使用仪器进行地质勘探，以上劳动哪些是体力劳动，哪些是脑力劳动？哪些是生产劳动，哪些是非生产劳动？

2．在你看来，建筑工人、纺织工人、作家和地质学家是否有高低贵贱之分？他们进行的劳动都有何意义？

3．在建筑工人使用抹泥板和砖刀建筑房屋的劳动过程中，劳动三要素是哪些？各自的作用是什么？

4．劳动如何促进个体的全面发展，包括身体、智力、情感等方面的成长？

5．新时代，劳动形态的格局是怎样的？劳动形态的变化对劳动者的技能要求和工作方式产生了哪些影响？

6．劳动教育的总体目标包括哪几个方面？劳动教育的内容又包括哪几个方面？

7．大学生应如何通过各种劳动途径深化对劳动的理解，提高劳动能力和素养？

第 2 章
坚定不移

——劳动价值观与精神培养

【目标指引】

1. 深入认识马克思主义劳动观、中国特色社会主义劳动价值观。
2. 树立正确的择业观、就业观与创业观。
3. 理解、培养、践行劳模精神、劳动精神和工匠精神。

案例导入

　　艾爱国，湖南省湘潭钢铁集团有限公司（以下简称"湘钢"）焊接顾问。他出生在一个普通工人家庭，自幼对机械和焊接产生了浓厚的兴趣。几十年的职业生涯中，艾爱国凭借卓越的焊接技艺和高度的敬业精神，赢得了"焊神"的美誉，成为新时代劳动者的典范。

　　自19岁进入湘钢工作以来，艾爱国便与焊接结下了不解之缘。他深知焊接是制造业的"裁缝"，每一个焊点都关系到产品的质量和安全。因此，他对待每一次焊接任务都极其认真，不断追求卓越和完美。通过刻苦钻研和不懈努力，艾爱国掌握了多种先进的焊接技术，并在多个重大项目中发挥了关键作用。

　　艾爱国在工作中始终保持着高度的责任心和敬业精神。他常说："焊接不仅仅是'手艺活'，更是'良心活'。"他坚持高标准、严要求，对待每一个焊点都如同对待艺术品一般精细。正是这种对工作的极致追求和无私奉献，让艾爱国成为湘钢乃至全国焊接领域的佼佼者。扎根焊工岗位数十年，艾爱国靠一把焊枪，赢得无数"军功章"："全国劳动模范"、"全国技术能手"、全国五一劳动奖章、"七一勋章"、"大国工匠年度人物"……

　　随着时代的发展，艾爱国没有满足于已有的成就。他深知，作为新时代的劳动者，必须不断学习和创新，才能适应社会的发展和进步。因此，他积极参与企业技术创新和人才培养工作，将自己的经验和技艺传授给年轻一代。同时，他还关注焊接技术的环保和可持续发展问题，致力于推动绿色焊接技术的研发和应用。艾爱国的这些努力不仅为企业和社会带来了实际效益，也为新时代劳动精神、劳模精神和工匠精神的传承和发扬做出了重要贡献。

　　艾爱国的事迹是新时代优秀劳动者精神风貌的生动写照。他以实际行动诠释了正确的劳动价值观，向人们展示了劳动精神、劳模精神和工匠精神的重要性。他的事迹将激励更多新时代的劳动者勇于担当、追求卓越，为实现中华民族伟大复兴贡献自己的力量。

2.1　劳动价值观

　　劳动价值观是人们思想层面上对劳动的理解和看法，在劳动过程中持有的价值观能反映劳动者对劳动的态度，决定着劳动者的劳动行为。对于大学生来说，树立正确的劳动价值观有利于更好地适应社会需求、提高自身竞争力并推动职业发展。要想树立正确的劳动价值观，大学生需要了解马克思主义劳动观和中国特色社会主义劳动价值观，并以此为指导培养正确的择业观、就业观和创业观，以应对当今社会的机遇和挑战，实现职业理想。

微课：劳动价值观

2.1.1　马克思主义劳动观

　　马克思主义劳动观是基于对劳动在人类社会发展中的基础地位和重要作用的认识，通过深入的理论探索和实践分析，形成的具有指导意义的劳动理论体系。马克思、恩格斯从历史唯物主义、政治经济学、教育学原理等维度对劳动观做了重要的论述，对当代大学生正确认识和理解劳动观具有重要的指导意义。

1．历史唯物主义视角下的劳动观

　　从马克思主义劳动观的角度来看，历史唯物主义是通过劳动来认识和把握现实世界的发展。在历史唯物主义视角下，马克思主义劳动观强调劳动创造世界、劳动创造历史和劳动创造人本身。

（1）劳动创造世界

　　马克思认为，劳动是构成人类赖以生存的现实世界的关键要素之一。当人类开始生产自己的生活资料时，也就间接地生产自己的物质生活本身。因此，人类的生产劳动，都是有意识、有目的的活动，最终创造出可以满足生活需要的世界。

　　马克思历史唯物主义中的世界，是人类的现实生产劳动的结果，正是通过劳动，人类和外部世界的关系才发生了根本性转变：从依赖自然转变为改造自然；从被动适应环境转变为主动改造环境；人类社会形成越来越复杂的分工合作，劳动由单一的个体活动转变为群体活动。由此，自然世界逐渐被改造成了人类世界。

（2）劳动创造历史

　　劳动是马克思和恩格斯打开人类历史发展秘密的钥匙。他们认为，人们为了能够"创造历史"，必须能够生活。但是为了生活，首先就需要吃喝住穿以及其他一些东西。因此，第一个历史活动就是通过物质生产来满足生活需求，而且，这是人们从几千年前直到今天单是为了维持生活就必须每日每时从事的历史活动，是一切历史的基本条件。由此，在马克思历史唯物主义中，劳动被看作"人类的第一个历史性活动"和"一切历史的基本条件"，其既是人类历史发展的事实起点，也是整个历史唯物主义建构的逻辑起点。通过劳动来揭示物质资料生产的作用，才能发现人类社会关系发展的客观规律性，才能肯定人的主体地位，继而认识到劳动人民在历史发展中的伟大作用。

（3）劳动创造人本身

马克思在《资本论》中指出："劳动首先是人和自然之间的过程，是人以自身的活动来引起、调整和控制人和自然之间的物质变换的过程。"人类为了能够更有效地利用自然物质，需要更好地进行手脑配合，这样一来，当人类通过劳动作用于自然并改变自然时，其自身也在发生改变。

恩格斯也在《劳动在从猿到人的转变过程中的作用》中表达了"劳动创造人本身"的观点，强调了劳动在人类与自然界的互动中的核心地位，以及劳动在从猿到人的转变过程中的决定性作用。例如，由猿到人的转变过程中，劳动让双手更灵活，使双手能够把石块磨制成石器；在劳动中，当简单的呼叫不能满足互相交流的需要时，语言便产生了。

2. 政治经济学视角下的劳动观

马克思主义政治经济学是研究在一定生产力状况基础上的社会生产关系及其发展规律的理论，是一种基于劳动创造商品价值的劳动政治经济学。具体而言，在政治经济学视角下，马克思主义劳动观的基本主张包括劳动是商品价值的唯一源泉、劳动剥削是资本主义的基本特征和按劳分配是实现社会正义的重要原则。

（1）劳动是商品价值的唯一源泉

劳动价值论是马克思主义政治经济学的核心理论之一。马克思在《资本论》中分析了抽象劳动和具体劳动，确立了劳动与价值的关系，认为"劳动是商品价值的唯一源泉"。他强调商品的价值是由劳动者创造的，认为一切劳动，一方面是相同的或抽象的人类劳动，也即人类劳动力（体力和脑力）在生理学意义上的耗费，形成商品价值；另一方面是具体的劳动，也即人类劳动力在特殊的有一定目的的形式上的耗费，生产使用价值。

（2）劳动剥削是资本主义的基本特征

马克思在《资本论》中确定了劳动与价值的关系，并以此揭露资本家对雇佣工人剩余劳动的剥削是资本主义社会生产价值增殖的基础。

资本主义的生产过程具有两重性，一方面是物质资料的生产过程，另一方面是剩余价值的生产过程，即价值增殖过程。在资本主义生产过程中，资本家雇佣工人劳动，劳动成果或产品归资本家所有。资本家的投入包括购买生产资料和劳动力，其中生产资料的价值通过工人的具体劳动被转移到新产品中，但其价值量不会大于它原有的价值量。而用来购买劳动力的那部分资本，在生产过程中，工人所创造的新价值远高于资本家所预付的劳动力价值，从而形成了剩余价值，使得一般价值形成过程转变为价值增殖过程。这种剩余价值是在资本主义的生产过程中生产出来的，由雇佣工人的剩余劳动创造。剩余劳动被资本家无偿占有，这体现了资本家对工人的剥削，是资本主义的基本特征。

（3）按劳分配是实现社会正义的重要原则

按劳分配是指在社会主义公有制条件下，按照劳动者提供的劳动数量和质量进行个人消费品的分配，实行多劳多得、少劳少得、不劳不得的分配方式。在马克思的社会主义理论中，按劳分配是根本分配原则。按劳分配之所以成为社会主义社会的根本分配原则，重要原因就在于它是合乎正义的。

按劳分配作为社会主义性质的分配制度，体现了劳动者共同劳动、平等分配的社会地位，同时也体现出对劳动者贡献的认可和对社会正义的追求。结合我国国情，我国当前实行的以按劳分配为主体、多种分配方式并存的分配制度，为实现社会公平、形成合理有序的国民收入分配格局提供了重要的制度保障。此外，按劳分配原则是对几千年来不劳而获剥削制度的根本否定，是消灭剥削和消除两极分化的重要条件。

3．教育学原理视角下的劳动观

在教育学原理视角下，马克思主义劳动观强调劳动是人的本质、劳动是实现人的全面发展的重要途径，以及教育与生产劳动相结合是社会主义教育的重要原则，是一种将人类物质劳动作为出发点的劳动史观。

（1）劳动是人的本质

马克思认为，劳动是人的本质，而人的本质是一切社会关系的总和。关于马克思认为"劳动是人的本质"的观点，我们可以从以下方面理解。

① 劳动创造了人本身。劳动在从猿转变为人的过程中起着决定性的作用。

② 劳动是人类生存的基础。人类通过劳动改造自然，生产物质生活资料，满足生存和发展的需要。例如，农民通过耕种收获粮食、工人通过生产制造产品，这些劳动成果维持了人的生命延续和社会的存在。

③ 劳动构建人的社会关系。人的本质是一切社会关系的总和。一个人在社会中所处的位置、扮演的角色以及与他人的关系等诸多社会关系，综合起来构成了人的本质。在劳动过程中，人们形成了各种各样的社会关系。

（2）劳动是实现人的全面发展的重要途径

马克思、恩格斯通过对人类社会发展的观察，得出现代教育的目标在于实现人的劳动能力的全面发展的结论。从他们所处的时代来看，当时社会分工的精细化已经导致人的劳动能力逐渐丧失了整体性，即体力劳动和脑力劳动逐渐被分离开来，二者各自发展，在一定程度上限制和破坏了人类发展的全面性。因此，只有提高人全方面的劳动能力，才能使人适应这种变化。

也就是说，劳动作为人类实践活动最典型的表现，人的劳动能力的全面发展能够更好地适应劳动内容和形式的丰富性和可变动性，而劳动内容和形式的丰富性和可变动性也会促进人的劳动能力的全面发展。

（3）教育与生产劳动相结合是社会主义教育的重要原则

教育与生产劳动相结合是指教育过程和生产劳动过程不可分割地联系和有机结合在一起。"教育与生产劳动相结合"是马克思主义教育学理论的重要观点、社会主义教育的重要原则，也是我国教育方针制定的重要理论依据之一。

马克思在《资本论》中强调："未来教育对所有已满一定年龄的儿童来说，就是生产劳动同智育和体育相结合，它不仅是提高社会生产的一种方法，而且是造就全面发展的人的唯一方法。"也就是说，教育与生产劳动相结合不仅是提高社会生产的方法，而且，其目的是造就全面发展的人。

• 课堂讨论 ●

讨论主题：马克思主义劳动观的主要观点。

讨论内容：

（1）如何理解劳动创造世界、劳动创造历史和劳动创造人本身？

（2）根据马克思主义劳动观理论，商品价值的唯一源泉是什么？

（3）为什么说劳动是人的本质，是实现人全面发展的重要途径？

2.1.2　中国特色社会主义劳动价值观

中国特色社会主义劳动价值观与马克思主义劳动观一脉相承。在继承和发展马克思主义劳动观的基础上，我国结合具体国情，逐步形成新时代"劳动最光荣、劳动最崇高、劳动最伟大、劳动最美丽"的中国特色社会主义劳动价值观。劳动者要想通过劳动创造更加美好的生活，必须牢固树立新时代中国特色社会主义劳动价值观。

1．劳动最光荣

"劳动最光荣"以肯定劳动者的地位与作用为要义。只要是合法劳动，有益于国家、社会和人民，每一位在平凡岗位上劳动的劳动者都是光荣的。虽然劳动因社会分工与创造价值不同而有所差别，但没有高低贵贱之分。

社会分工意味着每个人根据自己的能力和兴趣从事不同的职业。不同行业和职业的劳动者之间相互合作，共同推进社会经济的发展。例如，农民种植粮食、工人加工食品、销售人员将其销售给消费者，这种分工使得生产效率提高，同时也促进了资源的合理利用。

由此可见，不同劳动者虽然在社会分工方面存在差异，承担不同的社会角色和工作任务，但他们在各自行业扮演着重要角色，都是推动社会经济发展的重要动力。

按照劳动价值论，不论什么劳动都能创造价值。虽然不同的劳动在相同时间内创造的价值是不相同的。但这仅仅针对劳动创造价值的多少而言，并不是劳动本身的地位。在现代社会的大框架下，无论是从事脑力劳动还是体力劳动的人，都是社会劳动的积极参与者，他们就像一台精密机器上的不同零件，虽然功能各异，但都不可或缺。脑力劳动者如同机器的控制系统，通过智慧和知识为社会发展指引方向；体力劳动者则像机器的动力系统，通过辛勤劳作将各种计划和设想变为现实。他们共同构成社会发展的强大动力。

因此，无论是从劳动者社会分工不同的角度看待劳动，还是从劳动创造价值的角度看待劳动，都印证了劳

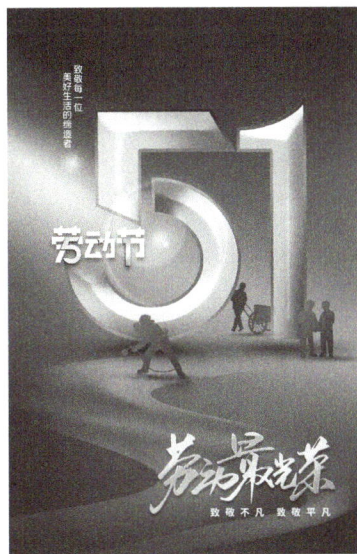

"劳动最光荣"宣传海报 ●

动光荣，劳动者是没有高低贵贱之分的。社会要想向着更好的方向发展，就需要每个人在各自的岗位上尽职尽责，发光发热，全社会拧成一股绳，共同为建设一个繁荣昌盛的国家而努力。

👁 **案例阅读**　　　**"四型"特色素质服务品牌导购——赵博**

　　1980年出生的赵博，是内蒙古包头百货大楼集团股份有限公司的一名导购。自2000年参加工作以来，赵博立足本职工作，兢兢业业、精进业务，使自己成长为一名学习知识型、服务技能型、增销创效型、服务顾问型的"四型"特色素质服务品牌导购。

　　在日常工作中，赵博努力提升个人的思想文化素质，注重加强业务知识的学习，成为"学习知识型"员工。积极参与岗位技能培训及练兵比武活动，苦练基本功，打造出自己的一手绝活。花样打领带、拿衣"一眼准"、快速叠衣裤……标准化的服务流程，是她每天工作的必练科目。她在"花样打领带"项目中以专业、新颖、多元化取得该奖项冠军，并以标准、规范的服务"九步流程"演示，成为"服务技能型"导购。充分发挥先进人物的榜样引领示范作用，积极参与劳动竞赛和优质服务竞赛创新活动，每日的销售名列前茅，成为"增销创效型"导购。注重提升服务内涵，创新服务举措，增值特色服务项目，延伸服务领域，成为"服务顾问型"导购。

　　作为一名导购员，赵博2016年被授予内蒙古自治区五一巾帼标兵称号，2021年被授予内蒙古自治区五一劳动奖章。2024年4月她又被授予全国五一劳动奖章，这是中国工人阶级最高奖项之一。

　　点评：赵博荣获众多荣誉和赞誉体现了党和国家对基层劳动者的尊重、信任与高度认可。在中国特色社会主义劳动价值观下，劳动仅仅有分工的不同，并没有高低贵贱的区别。实际上，还有很多像赵博一样从平凡岗位上走出来的劳动者，他们用行动告诉人们：劳动最光荣，无论从事何种职业和岗位，劳动者只要立足岗位和本职工作，兢兢业业、辛勤劳动，就能够实现自身价值。

2．劳动最崇高

　　"劳动最崇高"是从赞扬工匠精神和劳模精神的高度认识劳动的，它主要表现为劳动者的崇高精神品质和境界。那些在各自岗位上兢兢业业、默默奉献、追求卓越，弘扬和践行工匠精神和劳模精神的劳动者是值得赞扬和推崇的。具体来说，劳动之所以"最崇高"，在于工匠精神和劳模精神体现的时代价值。

（1）揭示中国特色社会主义新时代的价值取向

　　工匠精神、劳模精神是以改革创新为核心的时代精神的生动体现，揭示了中国特色社会主义新时代的价值取向，促使广大劳动者以高度的主人翁责任感、卓越的劳动创造、忘我的拼搏奉献等，为建设中国特色社会主义的崇高事业贡献自己的力量。

（2）激励中国特色社会主义新时代的奋斗者

在全面建设社会主义现代化国家的新征程中，工匠精神、劳模精神发挥着不可替代的作用。工匠精神、劳模精神不断激励广大劳动者超越自我、超越他人，做"干出新时代"的排头兵，做践行"实干兴邦"的楷模，在劳动过程中发扬爱岗敬业、争创一流，执着专注、精益求精等精神，为民族振兴、国家富强、人民幸福而拼搏奋斗。

（3）为实现中华民族伟大复兴提供精神力量

工匠精神和劳模精神具有丰富的精神内涵，是广大劳动者在劳动实践中形成的，顺应了社会发展的现实需要，是新时代迫切需要的精神力量。它将继续激发广大劳动者的劳动热情，为广大劳动者实现中华民族伟大复兴提供精神资源。

👁 **案例阅读** 　　　　**知识型新型工人的优秀代表——巨晓林**

巨晓林，1962 年出生，1987 年前往中国中铁电气化局集团有限公司一公司三段铁路工地打工，从此，他与铁路电气化建设结下了不解之缘。

刚工作那会儿，只是普通工人的巨晓林看着一张张施工图纸和一个个接触网零部件，脑子直发蒙。但他凭着一股实干精神，白天学、晚上学，营地熄灯后还悄悄打着手电筒继续学习。他知道，只有努力学技术，才能成为懂行的人。

铁路接触网工是一个技术密集型工种，为了掌握铁路接触网的相关技术，巨晓林购买专业书，抓紧时间学习。功夫不负有心人。有一次，巨晓林和工友们在北同蒲铁路工地进行接触网架线作业，当时每到一个悬挂点都要有人肩扛电线爬上爬下，不仅辛苦，效率也十分低。巨晓林用一个铁丝套挂住滑轮试了试，感觉一下子省了不少劲儿。大家按照他说的办法架线，效率瞬间提高了2倍。

学到的知识真正在施工中派上了用场，从此巨晓林学习更加努力了。他的工作服口袋里始终有一个小本子，施工中不管遇到什么问题，他都会马上记下，等有空的时候琢磨。就这样，参加工作30多年，巨晓林记下了近300万字的笔记。更难能可贵的是，巨晓林虽然只有高中学历，但他编撰出了《接触网施工经验和方法》一书，该书成为接触网工作者的必备工具书，是铁路施工一线的"宝典"。

巨晓林作业图（图片来源：新华网）●

巨晓林先后参加过北同蒲线、鹰厦线、大秦线、京郑线、哈大线、京沪高铁等10多项国家铁路重点工程建设，他从一名普通的农民工成长为"知识型新型工人、农民工楷模"，成长为大国工匠，荣获改革先锋、全国劳动模范、全国五一劳动奖章等称号或奖项。

点评：巨晓林凭着实干精神，肯花气力、肯下功夫、肯去钻研，不断超越自己、超越他人。他从一名普通的工人成长为大国工匠、劳动模范，为国家铁路工程建设做出重要贡献，他的精神品质是值得赞扬和推崇的。大学生应从巨晓林的事迹中汲取力量，树立正确的劳动价值观，坚持实干与创新，培养敬业精神和责任感，在追求个人梦想的同时，努力成为对社会有贡献的人才。

3．劳动最伟大

"劳动最伟大"是从劳动的意义和价值的角度出发认识劳动的。劳动是推动人类社会进步和发展的根本动力，从远古时期的简单工具制作到现代社会的高科技生产，每一次社会形态的变革和文明的飞跃，都离不开劳动。劳动不仅创造了物质财富，满足了人们的基本生活需求，还推动了科学技术、文化艺术等各个领域的发展，为人类社会的繁荣和进步奠定了坚实的基础。在劳动过程中，人们不断探索、创新，发明新的工具、技术，提高生产效率，改善生活条件，这不仅推动了社会的进步，也展现了人类文明的辉煌成就。通过劳动，人们不仅可以获得物质报酬，满足生活需求，还可以在劳动中锻炼自己的意志品质、提升技能水平、实现自我价值。

大学生只有认清劳动的本质，明确劳动的价值，才能树立正确的劳动价值观。其实，人类的伟大就在于会劳动、能劳动和爱劳动。我们要想实现中华民族伟大复兴的中国梦，就需要依靠辛勤劳动和不断创造。离开劳动，再伟大的梦想都不可能成真。由此来看，劳动才是最伟大的，是一切梦想实现的根基。在建设中国特色社会主义事业的过程中，我们也只有依靠广大劳动人民脚踏实地的劳动，才能开创更加美好的未来。

4．劳动最美丽

"劳动最美丽"是从劳动创造美的角度认识劳动的。劳动创造美是人们在劳动过程中形成和表现出来的美，它直接体现了人的自由、自觉的劳动活动以及才能、智慧、品格、意志、情感等本质力量。劳动者通过改变、改造劳动对象而产生的满足自身需要的获得感，以及对劳动过程和结果或成果所形成的积极的自我感受、自我评价和愉悦心理，被社会所关注、接受、肯定和认同，赋予了劳动者积极的意义。人生因劳动而精彩，生命因劳动而美丽。劳动者正是通过辛勤劳动、诚实劳动和创造性劳动，创造了物质财富，更是在精神层面上实现了自我提升和对美的追求，使劳动与美实现了和谐统一与高度结合。

👁 **案例阅读**　　　　　　　　　**杂交水稻之父——袁隆平**

　　袁隆平院士是中国杂交水稻育种专家，他的一生都在为解决中国人的吃饭问题而辛勤耕耘。面对当时中国粮食短缺的严峻形势，袁隆平迎难而上，投身于杂交水稻的研究中。他深知，只有通过科技创新和辛勤劳动，才能从根本上解决粮食问题。

　　在几十年的科研生涯中，袁隆平几乎将所有的时间和精力都投入杂交水稻的研究和推广中。他深入田间地头，与农民同吃同住，亲自动手进行试验和观察。经过无数次的失败和尝试，他终于成功培育出了高产、优质的杂交水稻品种，为中国乃至世界的粮食安全做出了巨大贡献。这一成就不仅证明了科技的力量，更彰显了劳动的伟大价值。袁隆平用实际行动诠释了"劳动最伟大"的真谛，他的辛勤付出和无私奉献，让亿万人民得以吃饱饭，过上更加美好的生活。

在袁隆平身上，我们还能感受到劳动的美丽。他在劳动中展现出的勤劳、智慧、坚韧和奉献精神，是人性中最光辉的部分，也是社会最宝贵的财富。袁隆平对科研工作的热爱和执着追求，让他在面对困难和挑战时始终保持着乐观和坚定的态度。他的笑容和身影，成为田间地头最美丽的风景线。

此外，袁隆平还非常重视科研成果的转化和推广工作，他知道只有将科研成果转化为实际生产力，才能真正造福人民。因此，他积极推广杂交水稻种植技术，帮助农民提高粮食产量和收入。他的努力和付出，让农民们看到了科技的力量和劳动的价值，也让他们更加珍惜和热爱自己的劳动成果。

袁隆平团队研发的海水稻 ●

点评： 作为"杂交水稻之父"，袁隆平院士不仅解决了中国的粮食问题，也为世界粮食安全做出了巨大贡献。在面对粮食短缺的挑战时，他没有退缩，而是选择迎难而上，将全部时间和精力投入杂交水稻研究中，并成功培育出高产优质的杂交水稻，展现了劳动的伟大力量。在劳动中，他深入田间，与农民同甘共苦，这种亲力亲为的精神是劳动之美的真实写照。袁隆平院士的事迹让我们深刻认识到劳动的伟大与美丽，我们应当以他为榜样，积极投身劳动，用自己的双手创造更加美好的未来！

● **课堂讨论** ∘∘∘∘∘∘∘∘∘∘∘∘∘∘∘∘∘∘∘∘∘∘∘∘∘∘∘∘∘∘∘∘∘∘∘∘

讨论主题：中国特色社会主义劳动价值观的核心内容。

讨论内容：

（1）体力劳动与脑力劳动存在高低贵贱之分吗？

（2）"劳动最崇高"是从什么角度认识劳动的？

（3）"劳动最伟大"体现在哪些地方？

（4）为什么说"劳动最美丽"？

2.1.3 大学生择业观、就业观与创业观

劳动是择业、就业与创业的基础，没有劳动就没有择业、就业和创业的机会，而择

业、就业和创业为劳动的进一步发展创造了有利条件，使劳动者能够在特定的职业领域中发挥自己的专业技能和知识。大学生应明确劳动在择业、就业与创业中的核心地位，树立正确的劳动观念，以及与之相应的择业观、就业观和创业观，这样才能做出更明智的选择。

1. 择业观

择业观是人们对职业选择的基本看法，大学生树立科学合理的择业观，对于个人职业生涯的顺利起步和长远发展至关重要。具体而言，科学合理的择业观体现在以下3个方面。

（1）找准自己的社会位置，保持积极的择业态度

大学生在择业前应该对自己有一个正确的认识和评价，能够根据自己的身体素质、兴趣爱好、性格特点及能力等方面的因素确定自己的社会位置，既不好高骛远，也不妄自菲薄。准确地定位自己的社会角色，有利于个人价值的实现。

确定了自己的社会位置，大学生还需要端正择业态度，以积极乐观的心态，在正确评估自己的身体素质、兴趣爱好、性格特点及能力等基础上，选择符合自己心愿且自身能够胜任的职业。

（2）转变择业观念，重视各行各业、各地区的发展机会

时代在变，要实现高质量的就业，一味地选择热门职业或专业对口的职业、选择去大城市寻找发展机会等择业观念也要跟着转变。

从大环境看，就业市场竞争较激烈。求职者应理性看待自我发展与社会需求的关系，在客观自我评价的基础上做出务实的选择。然而，一些大学生不顾个人条件和社会需求，一味地选择热门职业或专业对口的职业，这或许不是科学合理的价值观念。

某校园招聘会现场 ●

针对热门职业而言，一方面热门职业一般竞争会很激烈，另一方面热门职业与冷门职业虽客观存在，但是是不断变化的。没有永远的热门，也没有永远的冷门。如果只考虑当前的热门或冷门，不去充分分析未来行业发展、岗位需求等综合因素的变化，盲目地追求所谓的热门，当热门变成冷门，求职就会遇到问题。针对专业对口的职业而言，大学生在学校中进行了某个专业的学习，想找一个专业对口的工作去发挥才能，这无可厚非。但在实际工作中，完全对口的工作机会并不多见。新时代的劳动教育强调人的全面发展，注重培养复合型人才，就是让大学生在就业时能有更多的选择，从而顺利就业。一味追求完全专业对口是不切实际的，大学生应该更加关注自身的职业发展和个人成长，而不是局限于专业是否完全对口。

此外，一些大学生在选择工作地域时，往往倾向于大中城市，认为这些地方工作环境好、选择机会多。大中城市在吸引人才方面固然有诸多优势，但小城市和乡镇生活成本较低，也有较好的发展空间。而且也要看到，当前我国的小城市和乡镇的生活环境已经得到较大改善，基础设施配套持续完善，这也为广大高校毕业生提供了机遇。

总的来说，以大学生为主的待就业群体是社会各行业发展壮大的重要人力资源，如果大学生能根据自身条件和社会需要，重视各行各业、各地区的就业机会，不仅能够获得更多的选择，有利于实现自己的人生抱负和理想，还有助于调整人力资源结构，减少地区间发展的不平衡性，促进社会的全面发展。

（3）着眼社会需要，树立正确的择业价值取向

国家鼓励高校毕业生到基层和艰苦地区工作，从事教育、卫生、公安、农技和其他社会公益事业。这不仅为大学生提供了更广阔的就业选择和发展空间，也有利于国家经济建设和社会发展。大学生应该积极响应，择业时务必考虑社会需要这个大前提，当个人利益与国家利益、集体利益发生矛盾时，应自觉地服从社会需要，到祖国最需要的地方去建功立业。这样可以更好地实现个人价值和社会价值的统一。

👁 **案例阅读** 　　　　　　　　**经济学子的职业选择**

崔秀森是2024届大连外国语大学商学院经济学专业的本科毕业生，现就职于中国农业银行辽宁省分行。

2020年，崔秀森怀着对大学生活的憧憬走进了大学校园。高中时期安静少言的她，决心改变自己，在大学里积极参与各项活动。大一军训期间，尽管身高不占优势，她仍鼓足勇气竞选方队长。虽然最终未能当选，但这次经历为她的大学生活奠定了勇于尝试的基调。军训结束后，崔秀森在中秋国庆联欢晚会上用小提琴演奏了一首《丰收渔歌》，赢得了全场的掌声，这次表演极大地增强了她勇于尝试、探索未知的自信心。大二时期，从未接触过创作的崔秀森身兼导演、演员、剪辑数职，组建团队拍摄了思政课微电影《悬崖勒马》，该微电影最终获得了第四届辽宁省高校思政理论课情景微电影大赛校内选拔赛的三等奖。虽然成绩并不耀眼，但创作过程中锻炼出来的组织能力和沟通能力成为她宝贵的财富。大三时，崔秀森有了跨专业从事司法工作的想法，她抓住了辽宁省大学生实习"扬帆计划"提供的机会，去到辽宁省铁岭市银州区人民检察院政治部实习。实习期间，她踏实肯干、勤奋好学，荣获"优秀实习生"称号。这段经历让她对法律领域有了更深入的了解，也为她的职业规划提供了新的思路。

大四时，崔秀森跨专业考研失败，但她没有气馁，而是决定先找一份工作稳定下来。在综合考虑自己的专业和性格以后，崔秀森选择去家乡的银行工作。经过充分的求职就业准备，崔秀森最终成功入职中国农业银行辽宁省分行。

点评：当今社会充满机遇与挑战，对大学生而言，什么是理想的工作，不同的人有不同的看法。从崔秀森的经历可以看出，不断尝试对她来说就是追求理想的过程。崔秀森对自己有充分的认识，她做出选择后，勇于尝试、不畏失败，并懂得调整自己的择业预期，这对高校毕业生择业具有借鉴意义。

2．就业观

就业观是个人对就业的看法和态度。就业观和择业观紧密相关，二者对个人职业发展都具有重要意义。择业观是就业观的前提和基础，没有明确的择业观，个人在就业过程中就容易迷失方向，难以做出符合自身特点和需求的职业选择。而就业观则是对择业观的进一步延伸和具体化，它指导个人在就业过程中如何行动和决策。

大学生树立科学合理的就业观，可以帮助自己做出合理的决策，付诸有效的行动。

（1）要保持积极的就业态度，做好就业准备

当大学生明确职业选择后，必须克服"坐、等、靠"等不良的就业态度，毕竟机会是留给有准备的人的。在求职就业中，要有做好就业准备的观念，具体来说，大学生应根据自己的职业意向，通过收集信息了解用人单位的性质、发展前景、入职条件等，筛选适合自身条件和发展需要的用人单位，以提高顺利就业、高质量就业的概率。

（2）要对待业保持良好的心态，及时调整不合理的就业期望值

在就业过程中，不是每个大学生都能一次求职就成功就业，或按照自己的预期顺利就业。倘若部分大学生在求职过程中屡次碰壁，首先要对暂时待业保持良好的心态，避免因多次求职无果产生自卑、焦躁、烦闷等不良心理。因此，多数情况，就业不是能一步到位的，要相信适合自己的工作就在前方。其次，这部分大学生要及时调整不合理的就业期望值，过高的就业期望值（如对薪资待遇、工作环境、工作地点等有过高的要求）可能导致大学生难以找到满意的工作。而合理的就业期望值有助于大学生更好地适应市场需求，拓宽就业范围，提高就业成功率。为了合理设定就业期望值，大学生需了解当前的就业市场情况和行业发展趋势，详细了解自己感兴趣的行业的薪资水平、岗位需求，然后根据自身的专业技能、实习经验、教育背景等实际情况调整就业期望值。切不可好高骛远，一味追求工作轻松、工资高、待遇好的用人单位和工作岗位。从基层就业、低薪就业开始，先积累工作经验也是很有必要的。

（3）要有增强就业竞争力的意识

大学生要有积极提升自身素质，积累丰富的实践经验，以增强就业竞争力的意识。一方面，大学生在校期间就应积极参加各类社会实践活动，利用课余时间多接触社会，积累丰富的实践经验，加深对社会的认识；另一方面，大学生在明确职业目标后，要认清用人单位的需求，有针对性地做好适岗准备，如考取相关证书、参与职业培训等，同时注意培养求职技巧，从而为顺利就业做好充分准备。

3．创业观

大学生创业是一种以在校大学生和毕业大学生为创业主体的创业现象。随着我国经济实力的不断提升以及创业环境的不断宽松，创业逐渐成为大学生的一种职业选择。然而，在创业时，有的大学生空有满腔热情和远大抱负，眼高手低，盲目创业，最终导致创业失败。因此，对于大学生来说，创业并没有问题，但首先应该树立正确的创业观，为创业成功增添砝码。

（1）审时度势，与时俱进

现代社会进入信息时代，市场发展和变化都更加迅速，在这样的背景下，大学生更应该用发展的眼光看待一切事物。就创业而言，大学生要做好长远的规划和安排，随时掌握市场行情，分析发展趋势，随时调整战略和规划，确保始终走在正确的发展道路上。具备这种创业观念，才更容易在瞬息万变的市场上找到立足之地，为创业成功打下基础。

（2）脚踏实地，吃苦耐劳

社会发展到今天，每个人都有创业的机会，但也要知道，创业不是轻而易举就能获得成功的，更不是在短期内就能取得可喜成绩的。在较为漫长的创业过程中，创业者必须具备吃苦耐劳的创业精神，脚踏实地、积极进取，保持昂扬的姿态和精神，避免眼高手低，纸上谈兵。创业者无论创业前还是创业中，都要做好充分的心理准备，具备投资意识和风险意识，一步一个脚印地为创业成功而奋斗。

（3）注重创新，锐意进取

创业切忌思维固化，更不能不思进取。要想创业成功，创业者就需要具备创新意识，无论是科技创新、产品创新、服务创新，还是经营方式和营销模式的创新，都是创业成功的强有力保证。从某种程度上看，创业与创新是密不可分的，创新意识不仅是正确的创业观念，更是市场上的一种生存法则。

👁 **案例阅读**　　　　　　　　　葫芦艺术创业

　　苏瑾的父亲在制作葫芦工艺品这个行业中小有名气，自幼在父亲的影响下，苏瑾对葫芦工艺品也充满了无尽的热爱与憧憬。

　　苏瑾从大学毕业后，带着对葫芦艺术的深厚情感，毅然选择自主创业，成立了"葫芦韵致文化工艺品公司"。公司初创之时，苏瑾设计了一系列融合现代元素的葫芦饰品，试图为传统葫芦工艺注入新的活力。然而，受设计较为单一等因素的影响，她的产品难以吸引年轻消费者的目光，即便苏瑾和公司员工四处奔波推广，也很难打开市场。

　　创业的首个年头，苏瑾的葫芦工艺品销量仅有几百件，远低于预期。面对挑战，她并未气馁，反而更加坚定了创新的信念。于是，她踏上了前往福建、广东等地的旅程，深入探索葫芦工艺的新方向。

　　在一次旅行中，苏瑾偶然地被当地精美的漆器艺术深深吸引，灵感迸发，想到了将葫芦与漆艺相结合的创意。她立刻采购了一批优质的葫芦和漆料，回到家中开始反复试验。起初，由于缺乏经验，产品屡遭失败，家人、朋友也纷纷劝她另寻他路。但苏瑾性格坚韧，她坚信自己能够找到突破口。

漆器葫芦摆件 ●

　　经过无数次的试验与改进，苏瑾终于成功地将漆艺与葫芦完美融合，创作出了一系列既古朴典雅又富有现代感的葫芦漆艺品。这些作品不仅展现了葫芦的天然形态之美，更融入了漆艺的细腻与华丽，一经推出便受到了市场的热烈追捧，也使她的事业蒸蒸日上。

苏瑾的视野并未局限于葫芦工艺品的制作，她还致力于传统文化的传承与创新。2024年，她与多位当地企业家合作，投资建立了"葫芦雅韵文化艺术中心"，汇聚葫芦雕刻、漆艺、陶艺、木雕等多种传统手工艺，为公众提供了一个深入了解和学习这些文化遗产的窗口。艺术中心还定期举办文化沙龙、技艺培训班及手工艺大赛，激发了更多人对传统手工艺的兴趣与热爱，培养了一批批技艺高超的手工艺传承人。

点评： 苏瑾作为一名大学生创业者所展现出的坚韧不拔与创新精神，是对大学生应当具备的正确创业观的一次生动诠释。她自幼受父亲影响，对葫芦工艺品怀有深厚的情感与憧憬，这份热爱驱使她在毕业后毅然选择自主创业。只有真正热爱，才能在遇到困难和挑战时保持持久的动力和不懈的追求。同时，苏瑾致力于传统文化的传承与创新。她通过建立"葫芦雅韵文化艺术中心"，承担起文化传承与创新的社会责任，激发了更多人对传统手工艺的兴趣与热爱。

● **课堂讨论** ···

讨论主题：大学生的择业、就业和创业观念。

讨论内容：

（1）你自己对择业有什么想法或要求？

（2）毕业后，你是选择就业还是选择创业呢？为什么？

（3）在择业、就业或创业时，大学生应该具备哪些正确的价值观？

2.2 劳模精神

劳模精神是每一位不甘于平庸的劳动者不断自我提升，超越自我、超越他人，力争做榜样做模范的精神。"爱岗敬业、争创一流、艰苦奋斗、勇于创新、淡泊名利、甘于奉献"，这24个字精准概括了劳模精神的丰富内涵，深刻体现了每一位劳动者争做劳动模范的守本分、有追求、讲作风、担使命、有境界、有修为的精神追求。

微课：劳模精神

2.2.1 爱岗敬业

爱岗敬业体现的是劳动模范的本色，是劳模精神的基础。爱岗指热爱自己的工作岗位、热爱本职工作；敬业则是用严谨认真的态度对待自己的工作。爱岗敬业就是劳动者对自己的工作充满热情和热爱，主动学习新知识、新技能，以适应工作的变化和发展，将工作视为实现自我价值、服务社会的途径，并在工作中严格遵守职业道德和规章制度，认真履行自己的职责和义务，确保工作质量和工作效率。

"干一行，爱一行。"无论是从事体力劳动还是脑力劳动，无论是工人还是科研工作者，无论是从事条件好、待遇高、工作轻松的职业还是从事环境艰苦、繁重劳累的职业，劳动者既然选择了自己的职业和工作岗位，就理应践行爱岗敬业精神。劳动者只要立足本职工作，尽职尽责、兢兢业业，就可以做出不平凡的事业，就可以在为社会和国家做贡献的同时，实现自己的人生价值，得到社会的广泛认可。

2.2.2 争创一流

争创一流意为敢于做标兵、做榜样，力争做出一流贡献。争创一流强调劳动者对工作的卓越追求和不断突破自我、超越自我的决心。其具体内涵主要体现在以下几个方面。

1．追求卓越

争创一流的劳动者始终将追求卓越作为自己的行动指南。他们不满足于已有的成绩和现状，而是不断设定更高的目标，以积极进取的态度，努力提升自己的工作水平和业绩。他们深知，只有不断追求卓越，才能在激烈的竞争中脱颖而出，成为行业的佼佼者。

2．勇于突破

在面对工作中的困难和挑战时，争创一流的劳动者从不畏缩不前，而是展现出勇于突破自我限制的魄力。他们敢于正视问题，积极寻找新的解决方案和途径，不断挑战自己的极限，以无畏的勇气和不懈的努力，克服一个又一个难关，为工作的顺利进行扫清障碍。

3．持续创新

创新是争创一流的重要驱动力。只有不断创新，劳动者才能在日新月异的时代中保持领先地位。因此，他们始终保持对新知识、新技术的敏锐洞察力，通过持续创新，不断改进工作方法和流程，提高工作效率和质量。

大学生培养争创一流的精神，应树立远大志向，将个人追求与国家前途、民族命运相结合，努力学习、勤奋钻研专业知识，积极参加社会实践，通过跨学科学习、参加学术讲座和研讨会等方式，不断丰富自己的知识储备，拓展视野，提高综合素质。

👁 **案例阅读**　　　　　**高凤林：火箭"心脏"的焊接大师**

高凤林既是大国工匠，也是全国劳动模范。高凤林自工作以来，一直坚守在车间一线，负责火箭发动机的焊接，至今已有40余年。他用实际行动告诉我们：职业无贵贱，"三百六十行，行行出状元"。

1978年，16岁的高凤林以高分考入隶属于首都航天机械有限公司的技校，在那里学习焊接工艺与制造。实习时，他扎实的基本功和吃苦耐劳的精神给焊工师傅留下了良好的印象，毕业以后，他便成了一名焊工。高凤林在工作初期表现优异，很快就崭露头角并担任工作组组长。除了在工作上精进焊接技艺，高凤林从1988年开始就报读大专、本科，自学研究生课程，力求理论和实践技艺一样不落下。

焊接技术要求具备扎实的焊接知识和基本功，要成为一名优秀的焊工就必须刻苦钻研焊接技术。高凤林所焊接的火箭发动机被称为火箭的"心脏"，这意味着它对焊接质量要求非常高。高凤林的作业对象经常是只有1～2厘米厚的材料或者指头大小的小部件，手略微抖一下或者眨一下眼都可能导致焊接失败。

技能的纯熟可以通过反复练习来提升。高凤林在入行初期常常举着铁块、沙袋，以增强手腕和手臂的力量；吃饭时常用筷子练习送焊丝的动作，防止焊接时出现手抖；他甚至冒着高温近距离观察铁水的流动规律。虽然这些只是焊工的基本功，和很多工作一样讲究熟能生巧，但只有长期坚持，将来才有可能成为一名优秀的焊工。如果说常规的焊接操作通过多加练习就可以顺利完成，那么技术攻克对焊工而言就是一道坎，能够成功突破的人凤毛麟角，而高凤林便是其中之一。

多年来，科学家们为制造火箭提供理论上的设计图纸，而高凤林就处于将这份理论转换为现实的至关重要的一环，因此，人们将他称为"为火箭焊心的人"。高凤林长期在艰苦的环境下工作，一心为祖国的事业做贡献，甘于做祖国航天发展事业上一颗不起眼的螺丝钉，默默发挥自己的作用，是当之无愧的大国工匠、劳动模范。

点评：高凤林对职业的热爱和坚守，诠释了"职业无贵贱，行行出状元"的深刻内涵。他的刻苦钻研、追求卓越和无私奉献的精神，是劳模精神和工匠精神的生动体现。大学生应该学习高凤林的优秀品质和精神风貌，努力成为具有劳模精神和工匠精神的新时代青年人才。

2.2.3　艰苦奋斗

艰苦奋斗是中华民族的优良传统，也是劳动者应当保持的一贯作风。即在劳动实践中，拥有不畏艰难、顽强拼搏的坚强意志，展现求真务实、脚踏实地的精神面貌，保持勤俭节约、艰苦朴素的生产生活作风。

1．不畏艰难、顽强拼搏

不畏艰难、顽强拼搏意味着在工作中面对种种艰难险阻，始终保持坚定的信念和坚韧的毅力，毫不动摇，绝不屈服。不畏艰难、顽强拼搏的人，在人生的道路上无论遇到多大的风浪，都能坚定地朝着目标前进。

2．求真务实、脚踏实地

求真务实、脚踏实地意味着在工作中以实际效果为导向，充分发挥个人才能和团队精神，以切实解决问题，达到预期目标。同时，个人在实践中始终保持沉着稳健、不骄不躁，根据自己的实际情况，踏实肯干、勤奋努力，一步一个脚印地走好每一步。

3．勤俭节约、艰苦朴素

勤俭节约、艰苦朴素是一种生活态度，也是一种优良品质。勤俭节约、艰苦朴素意味着在生活中厉行节约，不盲目攀比、不铺张浪费，在工作中勤劳刻苦、吃苦耐劳。

大学生培养艰苦奋斗精神的核心是树立正确的价值观，认识到艰苦奋斗是一种积极向上的价值观念，并强调通过自己的努力和奋斗来创造美好的生活。此外，大学生应该树立勤俭节约的意识，不盲目攀比和浪费，珍惜资源。同时，大学生还要不断学习进取，保持乐观、积极向上的精神状态，使自己在面对挑战时能够坚持不懈，最终取得成功。

2.2.4　勇于创新

勇于创新指要有敢为人先的锐气，勇于与时俱进，敢于上下求索、开拓进取。党的二十大报告指出："必须坚持科技是第一生产力、人才是第一资源、创新是第一动力"。国家繁荣、民族复兴、社会发展的动力源于创新，勇于创新是劳动者的使命。近年来评选出的劳动模范、高级技工、科研精兵的比重不断增加，知识型、创新型劳动者不断涌现。他们勇于创新，日积月累，推动中国制造向中国创造转变。

具体来说，勇于创新，一是需要持续学习和自我提升，以不断更新知识和技能，跟上时代的步伐，了解最新的科技、文化和社会发展趋势，为创新提供坚实的基础。二是具有突破传统思维的勇气，在面对既定的规则、方法和观念时，不盲目遵循和接受，而是敢于质疑和挑战，开拓新的思路和途径。三是具备积极探索的精神，主动探索未知领域，尝试新的方法、技术和理念，寻找新的可能性和解决方案。四是需要有坚持不懈的毅力，因为创新的过程可能充满困难、挑战和挫折，但勇于创新的人不能轻易放弃，要持之以恒地努力，直到实现创新的目标。

👁 **案例阅读**　　　　　　**让机器人"活"起来的张明**

张明，1976年出生，现任安川首钢机器人有限公司（简称"安川首钢"）工程部组装调试科长，他曾先后获得全国五一劳动奖章、全国劳动模范荣誉。

张明的工作就是把指令都输入到机器人系统中，让机器人"活"起来。张明从事机器人应用系统的组装调试工作属于"半路出家"，2003年进入安川首钢，他才开始接触工业机器人。从最初的技术"小白"变成如今身经百战的技术"大拿"，是他20多年来潜心钻研和开拓创新的结果。在这20多年的时间里，张明攻克了机器人手臂在焊接、激光切割、搬运等不同生产项目中的一道道技术难关。他带领团队通过在机器人涂胶系统中应用激光视觉系统技术，对机器人进行精度校准、修正，将机器人运动精度控制在了0.2毫米以内，实现了汽车零部件高品质、自动化安装，进一步提升了我国机器人应用的技术水平。在机器人铝材焊接方面，他带领团队填补了国内的技术空白，成功推动铝材焊接技术的发展和汽车轻量化的进程。

如今，张明所做的机器人手臂调试焊接工作已经走在世界前沿，但他依然保持勤奋、刻苦、低调的工作作风，带领不断壮大的机器人调试队伍一路前行，攀登一个又一个技术高峰，为公司、为机器人行业、为国家奉献自己的力量。

点评：张明在进入工业机器人行业之前，并没有相关背景或经验。但他却在工作中不断取得技术上的突破，为公司和机器人行业的发展做出重要贡献。这离不开他潜心钻研、勇于创新和坚持不懈的精神。大学生应该学习张明的精神，将坚持不懈和勇于创新融入自己的学习和实践中，不断提升自己的能力，为未来的职业发展打下坚实的基础。

2.2.5 淡泊名利

淡泊名利是劳动模范们始终坚守的信条，体现了劳动模范的人生境界——轻视外在名声与利益，专注于内心的追求，保持内心的平静与安宁，拥有豁达的胸怀和高尚的品德。

1．轻视外在名声与利益

淡泊名利的劳动者将对名利的追求置于生活的次要地位，不把功名利禄作为衡量人生价值的唯一标准或主要目标。无论是在繁忙的工作岗位上默默耕耘，还是在日常生活的点点滴滴中，他们都始终坚守着这份淡泊名利的态度。

2．专注于内心的追求

淡泊名利的劳动者注重精神层面的满足和自我价值的实现，将精力集中于自己热爱的事业、理想或使命。例如，"人民教育家"于漪淡泊名利，把全部的才情和汗水都奉献给她钟爱的教育事业，奉献给她热爱的学生。

3．保持内心的平静与安宁

淡泊名利的劳动者能够不受外界的干扰，始终保持内心的平静与安宁。他们能以平和的心态面对生活中的各种境遇，不因为名利的得失而心浮气躁、焦虑不安；在面对成功和荣誉时，也能保持谦逊和理智，不会被胜利冲昏头脑。

4．拥有豁达的胸怀和高尚的品德

淡泊名利的劳动者拥有豁达的胸怀和高尚的品德，他们不计较个人得失，而是以宽广的胸怀看待事物，对他人充满理解和包容。在与人交往中，他们注重真诚和善良，不追求虚荣和表面的荣耀。他们乐于助人，以自己的品德和行为影响着身边的人，为社会传递正能量，成为人们心中的楷模和榜样。

淡泊名利并非一蹴而就，而是通过长期的自我反思、修行和生活的磨砺逐渐形成的，需要不断地克服内心的欲望和虚荣心，培养出一种超脱和豁达的心境。当代社会，要做到淡泊名利，大学生要处理好"义"和"利"的关系，处理好经济效益与社会效益的关系，处理好个人利益与社会利益的关系，即"先义后利""见利思义"。

2.2.6　甘于奉献

甘于奉献的内涵是心甘情愿、默默坚守、全身心地工作，不追求功名和私利。甘于奉献意味着个人愿意将自己的时间、精力、知识和技能，毫无保留地投入工作中，不图回报，只为实现更大的价值和更高的目标。这种精神体现了劳动模范对国家、社会、职业的高度责任感和使命感。通过甘于奉献，各个年代的劳动模范在实现个人价值的同时，也为社会的进步和发展做出了重要贡献。

甘于奉献的具体内涵表现在以下几个方面。

1．在工作中不计较个人得失，全心全意投入

无论身处哪个岗位，甘于奉献的劳动者都能够深刻认识到自己工作的重要性，明白自己的工作是组织运转中不可或缺的一环。他们不因个人的利益而分心，而是将全部的心思和精力都投入工作中，确保每一项任务都圆满完成。他们不计较个人的得失荣辱，只希望能够通过自己的努力，为组织的发展贡献一份力量。

2．在困难面前不退缩，挺身而出

甘于奉献的劳动者面对工作中的困难或者辛苦，从不会轻言退缩。他们深知，每一个挑战都是一次成长的机会，每一次攻坚都是一次能力的提升。因此，他们总是积极地迎接挑战，勇敢地面对困难，用自己的智慧和勇气去攻克一个又一个难关。他们不畏艰难险阻，不惧风雨洗礼，只为能高质量、高标准地完成任务。

3．在荣誉面前不争抢，保持谦逊态度

甘于奉献的劳动者获得荣誉时，从不骄傲自满，也不争抢功劳。他们深知，成功的背后除了个人的努力，还有他人的帮助、时机的成熟等多种因素。因此，他们总是客观地看待自己的成就，保持谦逊的态度。他们明白，无论取得多大的成就，都有进步的空间；无论获得多少荣誉，都不能停止前行的脚步。

4．具有强烈的社会责任感，默默奉献汗水和智慧

甘于奉献的人具有强烈的社会责任感，他们深知自己的工作和付出对于社会的发展和进步有着重要意义。这种强烈的社会责任感驱使他们不断努力，为了党和国家的事业以及

人民的幸福生活，默默奉献智慧和汗水。

● **课堂讨论** ∙∙∙

讨论主题：弘扬劳模精神。

讨论内容：

（1）如何理解劳模精神？

（2）你有印象深刻的劳动模范事迹吗？在劳动中你会以该劳动模范为榜样吗？

（3）在参加劳动实践活动中，你应该如何践行劳模精神？

2.3   劳动精神

劳动精神是每一位劳动者为创造美好生活而在劳动过程中秉持的劳动观念、劳动态度及其展现出的精神风貌。进入新时代，弘扬劳动精神是落实立德树人，培养德智体美劳全面发展的社会主义合格建设者和接班人的必要路径。具体来说，劳动精神就是指"崇尚劳动、热爱劳动、辛勤劳动、诚实劳动"的精神。

微课：劳动精神

2.3.1   崇尚劳动

崇尚劳动就是推崇劳动、提倡劳动。中华民族是勤于劳动、善于创造的民族，崇尚劳动的观念牢牢根植在人们的心中。

崇尚劳动意味着对劳动的高度认可和尊重。劳动是人类生存和发展的基础，是创造社会财富和推动社会进步的源泉。人们崇尚劳动，就是认识到劳动在人类文明发展历程中的不可替代的作用。从个人层面来看，崇尚劳动能够激发个体的积极性和创造力。当一个人真正崇尚劳动时，会把劳动作为实现自我价值、提升自身能力的重要途径。通过劳动，个人能够获得成就感、满足感，培养坚韧不拔的品质和解决问题的能力。从社会层面来看，崇尚劳动有助于营造良好的社会风尚。当整个社会都崇尚劳动时，会形成尊重劳动成果、尊重劳动者的氛围。这会激励更多的人积极投身于劳动，为社会的发展贡献力量。

对于经济发展而言，崇尚劳动能够促进生产力的提高。劳动者以崇尚劳动的精神投入工作，会更加专注、勤奋，从而提高生产效率，推动技术创新，促进经济的持续增长。对于文化传承而言，崇尚劳动是中华优秀传统文化的重要组成部分。从古至今，无数劳动者通过辛勤的付出创造了辉煌的文明成果。崇尚劳动是对这些传统的继承和发扬。

骄阳下辛勤地收割农作物的劳动者 ●

2.3.2 热爱劳动

热爱劳动是一种自觉自愿、积极主动的劳动态度。劳动者要想实现个人价值，赢得不平凡的人生，就必须具备热爱劳动的态度。

1. 欣然接受合理的劳动任务

在人的一生中，总是会面对他人给自己安排的劳动任务。读书时，为了培养我们的独立能力、动手能力，养成好的劳动习惯，父母、老师、班干部会给我们安排一些有益的日常劳动任务，如洗衣做饭、打扫卫生、整理课桌、处理垃圾等。步入工作岗位后，上级领导会给我们安排专业的劳动任务，如打印整理工作文件、收集商业信息、书写合同文书、销售产品、进行商业谈判等。

面对他人安排的合理的劳动任务，大学生是欣然接受还是婉言推辞或者断然拒绝？显然，欣然接受并积极主动地完成劳动任务，才能赢得他人的重视并使自己不断成长。

2. 善于发现潜在的劳动任务

在日常学习或工作中，大学生不能一味地等待他人来给自己安排劳动任务，应善于发现潜在的劳动任务，做到"眼里有活"。"眼里有活"源自积极主动的劳动态度。"眼里有活"的人知道自己要做什么，往往能做到未雨绸缪，在劳动过程中善于思考并发现自己身上可以改进的地方，从而更出色地完成劳动任务。"眼里有活"的人在职场中往往能得到更多的晋升机会和学习机会。因此，不管是学习，还是实践活动，大学生都要充分发挥自己的积极主动性，即使在没有人要求和监督的情况下，也能自觉发现并出色地完成相关任务。大学生如果将这种态度和习惯持续到未来的工作岗位上，对其职业生涯和人生发展就会产生很大的帮助。

2.3.3 辛勤劳动

辛勤劳动是指勤奋敬业、埋头苦干，是劳动者在劳动过程中展现出的不懈努力和持续付出的精神状态，它要求劳动者尊重劳动的客观规律，通过付出劳力和智慧来创造价值和实现目标。

通过辛勤劳动，个人可以不断提升自己的能力和素质，积累经验和知识，为未来的成功奠定坚实的基础。每一个劳动者的辛勤付出都是社会财富和文明进步的源泉，只有全社会都崇尚和践行辛勤劳动精神，才能共同推动社会向更加繁荣和美好的方向发展。中华民族历来有勤劳勇敢的传统美德，新时代下更需要全体人民以辛勤劳动为荣、以好逸恶劳为耻，共同为实现中华民族伟大复兴的中国梦贡献力量。

一方面辛勤劳动表现为勤奋敬业的工作态度，劳动者要对自己的工作充满热情和责任感，以高度的敬业精神投入工作中去，不断追求卓越和完美；另一方面辛勤劳动表现为埋头苦干的实践精神，劳动者要不怕吃苦、不怕受累，勇于面对困难和挑战，通过不懈的努力和奋斗来创造更加美好的未来。另外，辛勤劳动还要求劳动者尊重劳动的客观规律和强度，不盲目追求速度而忽视劳动的质量和效益。同时，也要尊重他人的劳动成果和付出，形成良好的劳动风尚和社会氛围。

◉ 案例阅读　　　　　　　　"当代愚公"黄大发

黄大发，1935年出生于贵州省遵义市播州区平正仡佬族乡草王坝村（现团结村）。草王坝村流传着这样一首民谣："山高石头多，出门就爬坡，一年四季包沙饭，过年才有米汤喝……"深究贫困背后的原因，缺水是草王坝村的穷根。为了改变这种状况，当上村干部的黄大发下定决心要让草王坝村通上水。

20世纪60年代，草王坝村村民在政府的支持和黄大发的带领下进行大规模修渠，却受技术等因素的影响，耗时10多年也没修成。不少人打起了退堂鼓，但黄大发不肯服输。为了实现当初的诺言，他到水利站学了3年多的水利技术。3年多的时间里，只有小学文化的他从基础学起，下苦功夫，硬是掌握了许多水利知识。

到20世纪90年代，随着水泥、炸药等工程物资的日益充足，再修水渠的时机已然成熟。1992年，黄大发带领200多名村民浩浩荡荡奔赴工地，引水工程再次动工。功夫不负有心人，经过3年多的不懈努力，地跨三重大山的"生命渠"通水了！至此，草王坝村长期缺水的历史结束了！村民们亲切地把这条渠称为"大发渠"。黄大发也被誉为"当代愚公"。

如今，更名为团结村的草王坝村已大变样，"大发渠"被打造成旅游景点，村里办起了农家乐和民宿，团结村也成为乡村旅游重点村、乡村振兴示范村。村民的生活一天比一天好。

人到暮年，黄大发获得了众多荣誉："时代楷模"称号、"最美奋斗者"个人称号、"七一勋章"获得者。对黄大发来说，这些荣誉不是目的，他心中最质朴的想法是让村民过上幸福的生活。

点评：黄大发数年的坚持，是他崇尚劳动、辛勤劳动的深刻体现。他勇于担当、艰苦奋斗、克服重重困难，带领大家修建起了"生命渠"，让祖祖辈辈都受干渴之苦的村庄用上了水。诚然，随着社会经济的快速发展，人们的劳动方式也在不断变化，但"民生在勤，勤则不匮"是不变的哲理，劳动精神一直是社会发展进步的主旋律。

2.3.4　诚实劳动

诚实是指言行一致、表里如一。诚实劳动要求劳动者在劳动过程中诚实守信，脚踏实地、实事求是地做人做事。任何时代，人们要想获得财富和幸福，就要付出诚实劳动。诚实劳动是对劳动者品德的客观规定，是劳动者安身立命之本。

1．诚实守信

诚实守信在劳动过程中起着至关重要的作用，诚实守信不仅是建立职场信任的基础，也是社会和谐稳定的重要基石之一。诚实守信的劳动行为，一方面是在劳动过程中讲诚信，自己的事情自己做，杜绝偷工减料，遵守规章制度，严格按照规范的流程操作，按时按质地完成劳动任务。另一方面是对劳动过程中涉及的他人、团体和组织讲诚信，如对客户讲诚信，真诚对待；对团队成员讲诚信，开诚布公，精诚合作；对上级领导讲诚信，信守承诺，说到做到。

2．脚踏实地

人们常说"空谈误国，实干兴邦"，实干首先就要脚踏实地劳动。成功不是一朝一夕就能实现的，成功是一步一个脚印不断积累的过程。脚踏实地的劳动，才是智者的做法。

一个人如果总想一步登天，不能脚踏实地，那么不管他做什么，不管他怎么做，终究不能取得出色的成绩。因此，为了实现梦想，大学生需要脚踏实地，不断提高自己的能力，坚信勤能补拙、付出终有收获。

3．实事求是

荀子在表达行为的标准时说："能之曰能之，不能曰不能，行之至也。"中国地质力学的创立者李四光对科学的态度是"让事实说话"，他认为科学是老老实实的东西，它要靠许许多多人民的劳动和智慧积累起来。从古至今，人们若想正确地做人做事，首先要做到实事求是。

不同的劳动在劳动环境和劳动条件上可能有所差异。即使是同样的劳动环境和劳动条件，由于人的不同，能力强弱的不同，产生的劳动效果也会有所不同。但只要劳动者在劳动中实事求是地劳动、实事求是地看待劳动成果，对自己的劳动行为、劳动成果不弄虚作假、不滥竽充数、不投机取巧，不侵占他人的劳动成果、不损害集体的劳动利益，并且在失误面前勇于担责，就问心无愧。

👁 案例阅读　　　　　　　　　**快递员李晓望的坚守与担当**

在内蒙古广袤的大地上，快递员李晓望每天无论风雨，都坚持将每一个包裹准确无误地送达客户手中。面对堆积如山的快件，李晓望从不投机取巧，不遗漏任何一个包裹的配送，更不会为了速度而牺牲服务质量，他总是细心核对信息，确保每一次送达都是对客户的真诚承诺。

李晓望深知，诚实劳动不仅是职业素养的体现，更是对社会的责任。他严格遵守公司规章制度及国家法律法规，从不私自拆阅或延误包裹，用实际行动维护了快递行业的信誉与形象。在李晓望看来，每一次准确的配送，都是对"诚实劳动"精神的最好诠释，也是对构建诚信社会的一份贡献。

点评：李晓望不畏艰难、风雨无阻的工作态度，以及对每一个包裹的细心与责任，展现了快递员的敬业精神与高尚品质。李晓望用自己的行动诠释了诚实劳动的真谛，无论身处何职，只要以诚待人，尽职尽责，就能为社会贡献自己的力量。

● 课堂讨论 ∙∙

讨论主题：劳动精神的内涵与意义。

讨论内容：

（1）劳动精神的内涵是什么？

（2）劳动精神具有怎样的时代意义？

（3）大学生应该如何将劳动精神融入日常的学习和实践活动中？

2.4　工匠精神

工匠精神是每一位不甘于平庸的劳动者在平凡的工作中不断对自己提出更高的要求，并不断自我超越、自我提升、自我完善，始终追求做更好的自己时所表现出的工作态度、工作习惯、工作境界以及整体工作精神面貌。工匠精神的具体内涵是"执着专注、精益求精、一丝不苟、追求卓越"，这些特质互为表里，相辅相成，集中体现劳动者对于劳动的热爱。

微课：工匠精神

2.4.1　执着专注

执着专注是工匠精神的首要特征，执着意味着坚定不移地追求目标，不为外界的干扰和困难所动摇。具有执着精神的人，在面对挫折和失败时，不会轻易放弃，而是不断总结经验并吸取教训，继续前行。专注则是将精力高度集中在一个特定的任务或领域上，这要求个人摒弃杂念，全身心地投入工作或事业中。专注的人能够深入研究问题，洞察细节，从而达到更高的精度和质量。

工匠精神中的执着专注，体现在许多方面。例如，在制造业中，工人为了制作出一件完美的作品，专注于每一道工序，不断钻研技术、改进工艺；在科技领域，科研人员执着专注于创新和突破，不断攻克难题，为推动科技进步贡献力量；在艺术创作中，艺术家执着专注于表达自己的情感和想法，通过不断地练习和尝试，设计出具有独特魅力的作品。

实际上，熟练的技能、精湛的技术和高超的技艺，都离不开执着专注的精神。从千百年来的实践经验来看，工匠精神意味着几十年如一日的坚持与韧性。"术业有专攻"，个人一旦选定一项职业或事业，就应该执着钻研。

大学生们正处于学习知识、增长才干的关键时期，无论是在日常学习中还是在生产实践活动中都要专心致志、心无旁骛。大学生只有怀着满腔的热忱，执着专注，才能更好地发挥自己的聪明才智，将不可能的事情变为可能，将平凡的事情变得不平凡。

👁 **案例阅读**   **"与台风竞速"的气象预报员许映龙**

2024年3月1日，由中华全国总工会和中央广播电视总台联合举办的2023年"大国工匠年度人物"发布活动在四川成都揭晓结果。国家气象中心（中央气象台）首席预报员许映龙获评2023年"大国工匠年度人物"。

1990年，许映龙从南京气象学院（现为南京信息工程大学）毕业后即入职国家气象中心。入职30多年，许映龙始终坚守在台风预报服务业务一线，致力于台风监测预报预警服务工作、技术研究和流程规范改进，为我国台风监测预报达到国际先进水平做出了突出贡献。例如，许映龙对2021年第6号台风"烟花"、2022年第12号台风"梅花"和2023年第5号台风"杜苏芮"的登陆和风雨影响都做出了准确预报，为国家防灾减灾赢得主动，减轻台风灾害损失。

许映龙所在的工作空间，分排叠放的计算机分别显示了全球卫星云图、地面观测图、数值模式预报图、雷达观测图像等，这些是他每日必看的图像。台风路线飘忽不定，从复杂的图像和大量的数据中尽快辨别台风、预测台风走向，提前判断台风何时何地登陆，并给出预报结果，无疑是一项复杂且艰巨的挑战，而这正是许映龙的日常。

气象预报中，每一个微小的数据和变化，都可能影响最终结果。在2023年"大国工匠年度人物"的颁奖典礼上，许映龙用敬畏、专注、责任这3个词语诠释了自己眼中的专业匠心。

许映龙正在严密监测台风动态
（图片来源：人民网）●

点评： 结合自身的职业，许映龙用"敬畏、专注、责任"诠释了自己理解的工匠精神。敬畏是对大自然的敬畏，责任是对人民、生命的责任，因为敬畏和责任，他必须专注于台风监测预报预警与技术的研究与创新。而专注，正是各行各业的劳动者践行工匠精神的基础。

劳动大讲堂

为了弘扬工匠精神，中华全国总工会和中央广播电视总台从2018年起开始联合举办"大国工匠年度人物"发布活动，每届从众多候选者中评选出10位"大国工匠年度人物"，迄今已评选出几十位。这些大国工匠来自国防军工、装备制造、建筑、通信、水利、电力、冶炼、文物保护、污水治理、人工智能等领域，他们都是所在行业的顶尖技术、技能人才，都是工匠精神的优秀传承者，体现了新时代大国工匠的多元化。

2.4.2　精益求精

精益求精是工匠精神的核心追求，它要求劳动者在已有技艺的基础上，不断追求更高层次的技术和品质。劳动者具备精益求精的精神，就会不断挑战自我，追求极致，力求在每一个细节上都做到尽善尽美。这种"已经做得很好了，还要求做得更好"的追求，使劳动者练就了炉火纯青之技，也推动了整个行业的进步。中铁二局集团建筑有限公司二公司彭祥华在软若豆腐般的岩层间精准爆破，误差控制远小于规定的最小误差；沪东中华造船（集团）有限公司张冬伟手工焊缝长14千米厚0.7毫米的内胆，先修"心境"而后达"技境"。

大学生要将精益求精的工匠精神融入实践活动中，勇于克服劳动中的困难，磨炼自己的意志和毅力，增强自身解决复杂事务的能力。大学生要想培养精益求精的精神，关键在于培养对知识的渴望、对技能的钻研以及对自我要求的不断提升。首先，大学生应养成不断探索和深化专业知识的习惯，力求掌握知识或技能的精髓。其次，大学生要养成严谨的学习态度，对待每一门课程、每一次作业都力求完美，不满足于及格或平庸。例如，大学生在做实验时，不仅要达到标准，完成任务，还要精益求精地钻研，如尽力缩小实验的误差。同时，大学生要积极参与实践活动和科研项目，将所学知识应用于实际，通过不断试错与反思，提升解决问题的能力。最后，大学生还应保持开放的心态，勇于接受新知识和新技能，与同学、老师及业界专家交流切磋，共同进步。具备了精益求精的精神，即便是起点较低、水平较差，输出的结果也会不断优化，由不完美走向完美。

2.4.3　一丝不苟

一丝不苟是工匠精神的严谨态度，它强调劳动者在工作中的严谨性和规范性，具备这种态度，劳动者就清楚任何细微的疏忽都可能导致产品的瑕疵，甚至影响到整个工程的成败，因此对待每一个步骤、每一个环节都会保持高度的警觉和责任感，并始终以极强的责任心和敬业精神确保每一项工作都严格按照标准要求进行，不放过任何一个细节。

皮匠师傅全神贯注地绘制皮具草稿 ●   一丝不苟、专注的雕刻匠人 ●

我国古代劳动者就非常注重细节，早在典籍《礼记》中就记载有"物勒工名，以考其诚"的质量责任体系，就是将工匠的姓名刻在器物上，一旦器物质量出现问题，便可以反溯追查责任。孔子主张人在一生中始终要"事思敬，执事敬，修己以敬"，教导人们做事

要心怀敬意，严肃认真、专心致志地做好自己的工作，并加强自身修养；老子也曾说"天下大事，必作于细"，告诉人们要想做成大事，就要从细小之处做起。因此，在全面建设社会主义现代化国家新征程上，劳动者应该怀抱"失之毫厘，谬以千里"的严谨态度，在自己的岗位上兢兢业业、耐心坚守。

2.4.4　追求卓越

追求卓越体现的是劳动者积极进取、超越自我、开拓创新的理想信念，它使劳动者不满足于现有水平，不停滞于当前状态，向更高、更好、更精的方向努力，是工匠精神中追求突破、追求革新的创新内蕴。具体来说，追求卓越的劳动者对事物有着高标准和高质量的追求，他们不满足于现状，总是力求在每一个细节上做到最好，不断追求完美。追求卓越的劳动者为自己设定了高标准、高境界，他们不断挑战自我，努力提升自己的能力和水平，以达到更高的成就。

大学生要想树立追求卓越的精神，就需要培养对所学领域的浓厚兴趣与热爱，保持持续学习的态度，积极吸收新知识、掌握新技能，并且在实践中，勇于尝试，不怕失败，从每次经历中总结经验并吸取教训，不断提升自我。

👁 **案例阅读**　　　　　　数字艺术界的"光影魔术师"李明

在数字艺术这一新兴且充满挑战的领域中，李明以其对光影的极致追求和不懈创新，被誉为"光影魔术师"。

自幼对色彩与光影有着敏锐感知的李明，大学毕业后毅然选择了数字艺术作为职业道路。面对这个快速迭代的行业，他始终保持着对技术的热爱与执着。无数个日夜，他沉浸在数字世界中，不断试验光影效果，只为创造出更加逼真、震撼人心的作品。面对外界的喧嚣与诱惑，李明始终坚守初心，将全部心力倾注于艺术创作之中。

在李明看来，每一件作品都是对自我技艺的检验与提升。他不断挑战自我，力求在每一个细节上都达到完美。从构图、色彩到光影处理，他都反复推敲，力求每一帧画面都能触动人心。正是这种精益求精的精神，让他的作品在业界脱颖而出，屡获殊荣。

在创作过程中，李明对每一个步骤、每一个环节都保持着高度的警觉和责任感。他深知，任何细微的疏忽都可能影响作品的最终效果。因此，无论是前期的策划、中期的制作还是后期的调整，他都一丝不苟，严格按照最高标准执行。正是这种严谨的态度，让他的作品在细节上经得起推敲，赢得了广泛的赞誉。

李明追求卓越不仅仅是对技艺的不断提升，更是对艺术境界的无限探索。他始终保持着对卓越的渴望和追求，不断挑战更高的目标。在数字艺术领域，他勇于尝试新技术、新手法，不断突破自我限制，创作出了一系列令人叹为观止的作品。他的成功，不仅为他个人赢得了荣誉与尊重，更为整个数字艺术行业树立了新的标杆。

点评：李明以其对光影的极致追求和不断创新，展现了艺术家对待作品的执着与进取之心。他将全部心力倾注于艺术创作，通过精益求精、一丝不苟的态度，打造出令人震撼的作品，赢得了业界的广泛赞誉；他勇于挑战自我，不断尝试新技术，突破艺术界限，树立了行业标杆。李明用实际行动证明，成功源于长期的努力和坚持，以及对艺术的无限热爱与追求，他的事迹激励我们在各自的领域中，保持对梦想的热爱与执着，勇于追求卓越，不断突破自我限制。

劳动大讲堂

中华全国总工会于 2024 年 1 月印发《大国工匠人才培育工程实施办法（试行）》（以下简称《办法》），计划每年培育 200 名左右大国工匠，示范引导各地、各行业每年积极支持培养 1000 名左右省部级工匠人才、5000 名左右市级工匠，形成大国工匠带头引领、工匠人才不断涌现，广大职工积极走技能成才、技能报国之路的良好局面，推动深化产业工人队伍建设改革，建设国家战略人才力量，为推进中国式现代化、推动高质量发展提供重要人才支撑。《办法》对培育对象条件进行了明确，包括政治素质过硬，有 5 年以上一线生产现场工作经历，长期践行精益求精、执着专注、一丝不苟、追求卓越的工匠精神，具有突出技术技能素质等基本条件。

大学生要认识到，新时代，尊重劳动、尊重知识、尊重人才、尊重创造的社会氛围越来越浓厚；新时代，既有技能学习的宝贵机会，又有施展才能的宽广平台。只要我们努力向上、脚踏实地、刻苦钻研、努力拼搏，人人都有机会成为大国工匠，在实现民族复兴的赛道上奋勇争先，用实际行动书写技能成才、技能强国的精彩华章。

● 课堂讨论 ●

讨论主题：工匠精神是一种什么精神？

讨论内容：

（1）什么是工匠？什么是大国工匠？

（2）工匠精神是因循守旧、拘泥一格的"匠气"吗？

（3）你认为应该怎样在生产生活实践活动中践行工匠精神？

实践活动——观看劳模视频，领略劳模风采

1. 活动目的

劳模是各行各业的杰出代表，他们是大学生的学习榜样。大学生通过观看劳模视频，可以直观了解劳模的先进事迹和崇高精神，从而激发大学生的学习动力和职业追求，激励

大学生以劳模为标杆，塑造正确的劳动价值观，培养社会责任感，追求更高的职业道德和人生境界，为自身的全面发展奠定坚实的基础。

2．活动内容

1950年，党和国家首次表彰劳动模范。从20世纪90年代开始，全国劳动模范和先进工作者评选表彰工作每5年开展一次，以在全社会弘扬劳模精神。

全国劳动模范和先进工作者人选基本涵盖各个领域和行业，包括机关事业单位人员、农民工、企业职工和其他劳动者。请根据近年来表彰的全国劳动模范资料，结合自己感兴趣的行业，通过互联网等渠道搜索相关行业的劳动模范的宣传视频、纪录片或访谈视频等，进行完整观看。

3．活动要求

请你动手操作，自行搜索相关视频在线观看或下载观看，你在观看视频的过程中，要注意每个细节。完成观看后，结合视频内容写一篇至少500字的观后感。观后感需要重点体现以下内容。

（1）结合劳动模范的人物事迹和经历，描述出劳动模范所践行的新时代中国特色社会主义劳动价值观。

（2）描述出劳动模范的人物事迹和经历中所体现的劳动精神、工匠精神、劳模精神。

（3）简述劳动模范的人物事迹对自己的启示（如何引导或指导今后的劳动行为）。

劳模视频范例：姚婕　劳模视频范例：刘源

劳模视频范例：马月成　劳模视频范例：周红亮

思考练习

1．简述马克思主义劳动观的主要观点，并讨论其对现代社会的启示。

2．简述中国特色社会主义劳动价值观在新时代的具体体现。

3．你认为当代大学生应当树立怎样的择业观和就业观以实现高质量、高效率就业？

4．结合快递员李晓望的事迹，谈谈你对责任与担当的认识。

5．分析袁隆平院士的科研精神和劳动成果对社会的贡献，并讨论其对你个人成长的启示。

6. 在实现中华民族伟大复兴的征程中，你认为"崇尚劳动、热爱劳动、辛勤劳动、诚实劳动"的劳动精神扮演着怎样的角色？请阐述你的观点。

7. 劳模精神与工匠精神之间有哪些区别和联系？大学生应如何在学习和实践活动中践行这两种精神？

第3章
出类拔萃
——劳动知识与能力提升

【目标指引】

1. 了解劳动伦理、劳动心理健康、劳动常识与专业知识以及常见的劳动工具。
2. 理解劳动能力的构成，掌握提升通用劳动能力的方法和途径。
3. 明确劳动创新的概念与基本条件，掌握AI工具在学习和办公中的应用。
4. 掌握树立合作意识与提升合作劳动能力的方法和途径。

案例导入

曾俊钦出生于1998年，在2018年荣获"全国技术能手"荣誉称号，在2020年荣获"全国劳动模范"荣誉称号，此时的他只有22岁。

因为从小就对汽车技术感兴趣，17岁时，曾俊钦选择就读广州市交通运输职业学校汽车车身修复专业。为提高技艺，曾俊钦在学校勤学苦练，即使车间温度高得总是让人汗流浃背，穿着防护服时常被焊花烫伤，也不能阻止他的训练热情。遇到困难与挫折时，曾俊钦会不断揣摩、试验、总结每个工艺环节，找寻解决方案，并沉浸与享受这份动手感与成就感。在不断的实践中，曾俊钦锻炼了扎实的汽车车身修复基本功，强化了他的动手能力。19岁时，曾俊钦一举拿下全国职业院校技能大赛汽车维修类项目竞赛车身修复项目全国一等奖，并入选第45届世界技能大赛车身修理项目国家集训队。2018年，曾俊钦以技术技能型人才身份加入广汽本田汽车有限公司，开始新的梦想征程。

在广汽本田的工作实践中，作为焊装车间生产一线的工人，曾俊钦对经手的每一件产品，都保持100%的专注，用心做到最好，绝不允许残次品、瑕疵品流出。曾俊钦在岗位上积极工作，勤于思考，还利用工作之余刻苦钻研，攻坚克难，创新发明了一款车架稳定输送装置，该装置适用11种车型，为企业实现全年节约成本达65万元以上，成功申请了国家级新型专利。

曾俊钦获得如此成绩，在广州市交通运输职业学校建校60周年的专访中，却只是谦虚地表示：学校给予了平台与机会让我学有所用，成就自己。

曾俊钦在22岁时被评选为"全国劳动模范"，获此殊荣，虽然离不开学校的培养，但更与他积极进行劳动实践，不断学习新知识和提高技能息息相关。我们可以从中体会到，大学生要想出类拔萃，在社会竞争者中脱颖而出，需要不断积累知识与经验，需要不断提高劳动技能，这样才能更好地应对未来职业中可能面临的困难和挑战，更好地实现个人价值。

3.1 劳动知识

"知识就是力量"，这句话从未过时。尤其是在现代社会，劳动环境日新月异，技术发展一日千里，劳动越来越智能化和复杂化，如果劳动者不具备一些与劳动相关的知识，很可能会陷入"心有余而力不足"的困境。

微课：劳动知识

3.1.1 劳动伦理

劳动伦理是人们在劳动过程中形成的处理人与人、人与社会之间的关系时应遵循的各种道德准则。当今的劳动形态多样化，劳动伦理具有特别的意义，它不但有益于解决劳动本身的伦理问题，还有助于形成尊重劳动、热爱劳动、劳动光荣的良好社会风气。

1. 马克思主义劳动伦理观

从马克思主义关于人的全面发展和人的解放观点出发，劳动伦理的基本内涵主要体现为：有尊严地劳动、公平地劳动、自由地劳动和幸福地劳动。

（1）有尊严地劳动

劳动本身就是有尊严的，从事劳动的劳动者也应该有尊严。如果没有尊严，劳动价值就得不到充分尊重，劳动者的价值观、劳动精神就可能因此发生变化。无论将来从事哪个行业，都应该选择有尊严地劳动，这将直接影响大学生树立和坚持正确的劳动价值观。

（2）公平地劳动

公平地劳动是人类劳动自由的一种表现。社会上倡导的按劳分配、就业机会均等、同工同酬等，目的就是为劳动者创造更公平的劳动环境。只有在公平的劳动环境下，劳动者才能最大限度地发挥潜能，创造更多价值。

（3）自由地劳动

自由地劳动是人的本质需要，马克思主义认为劳动是自由、自主、自觉、自愿的，是劳动者的自我实现、自我创造、自我升华。在自由的劳动氛围下，劳动者的创造力可以无限放大，这有利于各种新方法、新技术、新工艺的发明创造；在非自由的环境下劳动，劳动者就只能按部就班、循规蹈矩地完成自己的工作，创新也无从谈起。

（4）幸福地劳动

幸福地劳动可以理解为劳动者在劳动中正在实现或已经实现自己内在的自由意志和目的。正如马克思所说，"我的劳动是自由的生命表现，因此是生活的乐趣"。劳动者在幸福地劳动的过程中，能够感受人与人之间、人与社会之间及人与自然之间的和谐美好。

2. 新的劳动伦理形态——体面劳动

1999年，国际劳工组织（International Labour Organization，ILO）局长胡安·索马维亚在第87届国际劳工大会上首次提出了"体面劳动（Decent Work）"的概念，并于2008

年成为各成员方努力达成的战略目标。所谓体面劳动，指通过促进就业，加强社会保障以及开展政府、企业组织和工会三方的协商对话，保证广大劳动者在自由、公正、安全和有尊严的条件下工作，获得足够的工作岗位，充分的社会保护和足够的收入。体面劳动的核心是以人为本，构建和谐的劳动关系，即从以往关注劳动的目的性，转变为关注劳动对象，即关注人本身，从劳动者的立场与角度来看待劳动，着眼于从劳动与个体发展之间的关系去揭示劳动的伦理价值，使劳动者有尊严地劳动、公平地劳动、自由地劳动和幸福地劳动。

我国作为国际劳工组织的创始成员方，结合社会现状，积极响应体面劳动的倡议。大学生在理解体面劳动时，要看到其在当下的3个层面的基本内涵：一是"劳动者有劳动才体面"，一方面劳动者需要意识到有劳动才体面，这也是劳动者实现美好生活的根本，另一方面需要创建公平的就业环境，使劳动者有公平的就业机会和稳定的工作；二是"劳动者因劳动而体面"，体面劳动的判断标准反映在劳动者的劳动态度和自身价值的创造等方面；三是"劳动者应体面地劳动"，它是

舒适的办公环境 ●

体面劳动的关键环节，即劳动者的劳动是体面的，劳动者的劳动权利应得到充分的保障，包括工作环境安全有保障、依法取得相应劳动报酬的权利、休息休假的权利、接受职业技能培训的权利，以及依法享受社会保险和福利的权利等。

• 课堂讨论 ···

讨论主题：劳动伦理的核心内容。

讨论内容：

（1）你认可马克思主义劳动伦理观并希望以此为依据进行劳动吗？

（2）从劳动者的角度出发，你认为应该如何实现体面劳动？

3.1.2　劳动心理健康

心理健康是影响劳动者劳动成效的重要因素之一。劳动者如果具备一定的劳动心理健康知识，能够进行自我调节，就会更加顺利地实施劳动任务。

1. 合理应对精神压力

通俗地讲，精神压力就是一个人觉得自己无法应对环境要求时产生的负面感受和消极信念。精神压力是影响一个人身心健康的重要因素。人们在劳动过程中产生精神压力的原因多种多样，如负担重、责任大、时间紧等。产生精神压力后，人们如果能够进行自我调节，就可将精神压力转变为动力，提高劳动效率；如果无法进行自我调节，就会出现回避工作等不良工作状态，甚至出现心理疾病。因此，大学生在劳动的过程中需要合理地应对精神压力。

（1）放松身心

大学生要学会保持乐观的心态，积极放松身心，通过保证充足睡眠、合理饮食、适当运动、营造良好的劳动环境和宣泄不良情绪等方式进行自我调节。

（2）转变认知

对于同一件事，个体使用不同的认知方式就会产生不同的结果。学会转变认知，有助于大学生更从容地应对压力。"逆境有一种科学价值，一个好的学者是不会放过这一大好学习机会的"，逆境确实是一个很好的锻炼机会，在寻找办法化解逆境的过程中，大学生也能增强抗压能力。

（3）进行心理咨询

当压力无法有效缓解、释放时，大学生不妨进行心理咨询。在心理咨询师的指导和启发下，大学生若能找到解决方法，就能解决心理困扰，维护身心健康。许多学校设有心理健康咨询中心，帮助大学生解决各种心理问题。另外，大学生还可以求助老师、社区工作人员等。

2. 积极缓解心理焦虑

焦虑是因担心完不成工作目标而产生的忧虑、不安和紧张情绪。一般来说，成就目标要求过高和自我肯定不足的大学生更容易产生焦虑心理。来自学业、家庭和同学竞争的压力也是大学生产生心理焦虑的重要原因，这些压力都很容易增加大学生的紧张感，使他们时不时陷入焦虑的泥淖。需要注意的是，适当的焦虑可以增强学习效果，但过度焦虑势必会产生不良作用，对大学生的身体和心理产生不同程度的伤害。因此面对焦虑时，大学生要学会自我调节，让自己的焦虑感维持在一个合适的范围。

3. 消除身心疲劳

疲劳是人们在从事劳动的过程中出现的生理反应。出现身体疲劳时，人们可以通过适当休息缓解疲劳。相对于身体疲劳，心理疲劳对劳动者造成的影响更大。出现心理疲劳时，人们对劳动的主动性会明显降低。在这种情况下，人们如果不及时进行心理调适，就可能产生职业倦怠。因此，人们既需要有良好的劳动价值观作为职业引导，又需要设定合理的劳动节奏，保证劳动者的休息时间，并学会放松。这样，人们才能以充沛的精力投入劳动，创造更多的价值。

4. 正确缓解职业倦怠

职业倦怠是由长期过度的压力导致的情绪、精神和身体极度疲惫的状态。职业倦怠不是疾病，却会影响人们的身心健康。职业倦怠有3个主要特征：一是感觉精力不足或耗尽；二是对工作丧失热情，烦躁、易怒，对周围的人、事、物漠不关心；三是工作效率下降，觉得自己不能胜任工作，对前途感到无望等。

研究表明，从事繁而杂的工作容易使人产生职业倦怠，如流水线作业、广告媒体工作等。缓解职业倦怠的状态有3种方法：一是认清自我，了解自己的优势与不足，不给自己施加过大的压力；二是工作之余培养自己的兴趣爱好；三是注重劳逸结合，懂得享受工作的乐趣和发现细微处的美好等。

• **课堂讨论** ◦◦◦◦◦◦◦◦◦◦◦◦◦◦◦◦◦◦◦◦◦◦◦◦◦◦

讨论主题：保障劳动心理健康。

讨论内容：

（1）劳动心理健康知识在我们的劳动实践活动中分别有何作用和意义？

（2）身心疲劳时，你通常会选择哪些方式来恢复精力？

（3）你觉得有哪些有效的策略或技巧可以帮助我们在面对精神压力时保持理智？

3.1.3 劳动常识与专业知识

没有知识或知识储备不足的人在现代社会很难实现人生目标和价值。就劳动而言，越是复杂或困难的劳动，越需要人们具备丰富的劳动常识与专业知识。一方面，具备一些劳动常识与专业知识是人们从事劳动的必备条件；另一方面，具备一些劳动常识与专业知识有助于人们更高效地劳动。

1．劳动常识

劳动常识是指人们应当具备的劳动基础知识。在日常生活和工作中，人们即使面对的是简单的劳动任务，也需要掌握一定的劳动常识。例如，清洗玻璃时，人们需要知道清洁剂和清洁工具的使用方法；煮饭时，人们需要知道基本的烹饪知识，以及电饭煲、抽油烟机等的使用方法；开展多媒体教学时，人们需要知道常见的多媒体设备的使用方法；等等。

通常，人们可以通过自我学习、借鉴他人的劳动方法和经验、劳动实践总结等途径掌握劳动常识。

进行常识性的劳动任务：使用清洁剂清洁玻璃（左）使用洗衣机清洗衣物（右）●

2．专业知识

一些劳动不仅要求人们具备劳动常识，还要求人们具备相应的专业知识，这些专业知识可以帮助劳动者更好地适应并胜任特定行业的工作。例如，计算机维修人员为了解决计算机的故障，需要充分了解计算机的各个组成部分的特点与作用等；计算机编程人员需要掌握编程的知识；广告设计人员不仅需要掌握绘图软件的使用方法，还需要对印刷知识有所了解；财务人员不仅需要了解相关法律，还需要具备财务专业知识；金融分析师需要精通投资分析技巧和财务建模知识；等等。不同的劳动需要劳动者掌握相应的专业知识，大学生一般可以通过学校的专业课程、各种渠道的培训等途径掌握专业知识。

进行需要掌握一定专业知识的劳动：汽车维修（左）操作智能设备（右）●

◎ 案例阅读

沉心科技创新，做新时代的一颗螺丝钉

张运文，本科毕业于闽江学院物理学专业。2009年，张运文进入三明市海斯福化工有限责任公司（以下简称"海斯福"），入职10多年，先后荣获"三明市劳动模范""福建省劳动模范""全国劳动模范"等荣誉称号。

进入海斯福以来，张运文始终以高标准严格要求自己，坚守在生产一线，全身心地扑在公司的科研工作上。他负责研发的新产品投入批量生产后，不仅为公司创造了不菲的利润，还推动了公司的品牌建设。除了开发新产品，产品的技术改造也是张运文的工作重点。10多年来，张运文带领团队完成了多项非常重要的工业改造，有效降低了产品生产的单耗，提高了生产效益，也让生产安全得到保障、生产过程更加环保。

张运文总结："在十几年的研发过程中，研发工作是比较辛苦的。我们之所以能不断进步，一方面是因为我们努力向前辈学习，另一方面是因为我们在一线工作中不断积累经验，一线经验比书本知识更加重要。另外，我们也很重视文献学习，吸取国内外非常好的研究成果。"

在闽江学院组织开展的"劳模工匠大讲坛"中，张运文以《劳动是一切幸福的源泉》为题，传授自己的学习经验及方法，即要博览群书，拓展知识面，树立正确的人生观、价值观和世界观。他还激励同学们要勇于吃苦，不畏困难，敢于开拓创新，培育坚韧不拔、奋发图强的劳动品格，现在专注学业、将来爱岗敬业，用勤勉的劳动为自己打出一片天地。

点评：张运文始终坚守着自己的岗位，凭借扎实的知识素养和勇于创新的精神，为公司研发了多款新产品，并完成了对产品的技术改造。在10多年的研发过程中，张运文总结了他提升知识素养的方法，一是向前辈学习，二是通过实践不断积累经验，三是学习文献内容，吸取研究成果等。另外他还叮嘱学弟学妹应当博览群书，拓展知识面。这些都是张运文提升知识素养的切身感受，值得大家借鉴。

• 课堂讨论 ○○○○○○○○○○○○○○○○○○○○○○○○○○○○○○○○○○

讨论主题：劳动常识与专业知识。

讨论内容：

（1）在劳动中知识是否不可或缺？为什么？

（2）在劳动中常规知识和专业知识各有何作用？

3.1.4　常见的劳动工具

劳动工具种类繁多，根据不同的劳动场景和任务需求，可以选择不同的工具。我们在劳动过程中正确选择和使用劳动工具可以确保安全、高效地完成生产或生活任务。因此，我们有必要了解一些有助于我们开展生活劳动和实践活动的常见劳动工具。

1．电工类常见工具

电工是专业性较强的工种，主要从事电力生产和电气制造维修等，需要具备基本的操作常识才能保证安全。我们在日常劳动中使用的大多是一些基础电工工具，如表3-1所示。

表 3-1　电工类常见工具

名称	简介	外观
试电笔（测电笔）	试电笔用于检查导线和电器设备是否带电，笔体中有氖泡，测试时如果氖泡发光，则说明检查对象带电。需要注意的是，测试时一定要用手触及试电笔末端的金属部分，否则，因带电体、试电笔、人体与大地没有形成回路，试电笔中的氖泡不会发光，会造成误判，让我们误认为带电体不带电	
螺丝刀	常见的有一字螺丝刀和十字螺丝刀（或称梅花螺丝刀），主要用于拧螺丝，其操作利用了轮轴的工作原理，轮越大时越省力，所以使用粗把的螺丝刀比使用细把的螺丝刀更省力	
尖嘴钳	尖嘴钳是一种常用的钳形工具，主要用来剪切线径较细的单股与多股线，以及给单股导线接头弯圈、剥塑料绝缘层等，其优点是能够在较狭小的工作空间中操作	

名称	简介	外观
钢丝钳（老虎钳）	钢丝钳是一种夹钳和剪切工具，属于省力杠杆，多用于起钉子或夹断钉子和铁丝等	
扳手	扳手是一种常用的安装与拆卸工具，用于拧转螺栓、螺钉、螺母等较为费力的对象。我们在使用扳手时，可调整扳手的开口大小，以适合待拧转对象的大小	

2. 常见农具

农业劳动中，我们应该学会使用一些常见的农具来提高劳动效率。表3-2对一些常见的农具进行了简单介绍。

表3-2 常见农具

名称	简介	外观
扁担	扁担是一种扁圆长条形的、用于放在肩上挑东西或抬东西的用具，常见的扁担有木制的和竹制的。使用扁担时，扁担两头应尽量保持一样的重量，放长绳子，降低重心，以减轻肩膀的压力。我们用扁担挑水时，应尽量走小碎步，这样可以尽量避免桶内的水洒出来	
镰刀	镰刀是用于收割庄稼和割草的农具，由刀片和木把构成。使用时一手握着庄稼，一手用镰刀来回推拉。注意，使用镰刀时不要误伤了自己，新手特别容易割伤自己的脚和腿	
铁锹	铁锹是一种用于耕地、铲土的常见农具，其长柄以木制为多，头部的铁锹有尖头铁锹、方头铁锹等多种类型。我们使用铁锹时可以借助脚力，用脚将铁锹踩入泥土中，这样有助于提高劳动效率	
锄头	锄头是一种常见的农具，可用于挖穴、耕垦、盖土、除草、碎土、中耕、培土等各种作业，使用时以两手握柄，举起锄头，从上往下做回转冲击运动	

3. AI工具

AI工具是一种智能化的劳动工具，它是利用人工智能技术开发的，能够辅助人们完成各类任务的智能软件或平台。目前，市面上比较主流的应用是生成式AI工具（人工智能领域中能够创造新内容的一个技术分支）。例如，国内主流的AI工具文心一言、通义、讯飞星火大模型、豆包、智谱清言、Kimi等都属于生成式AI工具，它们可根据用户的需求生成文本、图像、音频、视频等内容，从而应用于营销、设计、文化娱乐和艺术创作等需要内容创作和创意的领域。

尽管不同的AI工具，其功能的丰富性不同，且生成内容的能力和效果存在一定差异，但不同的生成式AI工具的操作原理和操作方法是基本相同的，因此只要掌握其基本用法，就能在实践中结合不同的需要选择合适的AI工具来完成相应的工作任务。下面我们将通过了解文心一言主界面的组成部分和基本操作，对生成式AI工具做一个基本的认识。通过浏览器搜索"文心一言"，进入文心一言官方网站，文心一言主界面如下图所示。

文心一言主界面 ●

文心一言主界面左侧侧边栏中的"对话"按钮 用于新建对话。"个性化"按钮 用于创建个性化方案，在输入框中的"帮我润色"开关开启的情况下，该方案可以用于润色指令。"百宝箱"按钮 用于打开文心一言的功能集合，方便用户根据应用场景（如论文选题指导、简历优化和润色、课程大纲设计、策划方案生成、视频脚本创作等）快捷地调用功能并输入指令。主界面中间的上方是推荐问题，下方是输入框。输入框中上面的工具栏展示了文心一言主要的辅助功能，包括创意写作、文档分析、网页分析等，工具栏的下面用于输入指令，指令可以是用户向文心一言提的问题，如"请解释一下什么是AI？"，也可以是用户希望文心一言帮自己完成的任务，如"请帮我撰写一份中秋节节日营销的策划方案"，然后，单击 ⊙ 按钮，文心一言将根据指令的要求，生成相关内容。此外，用户在输入框中单击 ▣文件 按钮，可以上传 Word、PDF、TXT、Excel、PPT 等格式的文件，然后通过输入指令对文件内容进行润色、语法错误修改、归纳总结、生成摘要等。单击 ▣图片 按钮，可以上传图片并识别图片内容，生成描述性的文字内容。

劳动大讲堂

　　计算机科学家、AI 领域的先驱之一约翰·麦卡锡认为"人工智能是制造智能机器，特别是智能计算机程序的科学和工程。"计算机科学家、AI 领域的先驱之一马文·明斯基表示"人工智能是一门让机器完成人类需要智力才能完成的事情的科学。"计算机科学家、麻省理工学院教授帕特里克·亨利·温斯顿认为"人工智能就是研究如何使计算机去做过去只有人才能做的智能工作。"AI 领域中，机器一般是指计算机，用来研究人工智能的主要物质基础以及能够实现人工智能技术平台的机器就是计算机。尽管 AI 的定义可以从不同的角度来理解，但从本质上讲，AI 是研究、设计和应用智能机器或智能系统，以模拟人类智能活动的能力，从而延伸人类智能的科学。AI 在智能劳动中扮演着至关重要的角色，它也是 21 世纪的尖端技术之一。

👁 **案例阅读**　　　　　　　　**ChatGPT 引发 AI 研发热潮**

　　ChatGPT（Chat Generative Pre-trained Transformer）是美国人工智能研究实验室 OpenAI 于 2022 年 11 月 30 日推出的一款 AI 技术驱动的聊天机器人程序，它由 GPT-3.5 模型提供支持。GPT（Generative Pre-trained Transformer，生成式预训练变换器）是一种基于互联网、可用数据训练的文本生成深度学习模型。

　　与前几代 AI 相比，ChatGPT 在自然语言处理和生成式 AI 方面取得了质的飞跃，对人类创造力、相关技能和工作的冲击是巨大的。以往的 AI 具备基础的检索能力和运算能力，可以回答常规知识问题（如《论语》的作者是谁、中国古代四大发明是哪些），解决有固定规则的问题（如解方程、下象棋等），而 ChatGPT 基于更强大的自然语言处理和内容生成能力，能够深入理解人类的自然语言和上下文的语义，并在此基础上，检索已有信息知识，综合运算整合，最终生成自己"理解"的内容。这种能力使其能够完成创意类和认知类的复杂任务。例如，ChatGPT 通过学习和理解人类的语言与人对话，撰写邮件、文案、视频脚本、诗歌、论文和代码等。

　　ChatGPT 出人意料的表现，也再次引发了人们对 AI 的讨论和研发热潮。自 2023 年以来，国内外的 AI 产品如雨后春笋般拔地而出，这些 AI 产品不仅代表了技术的前沿，也预示着未来的发展方向。

　　点评：ChatGPT 是 AI 技术发展的成果，它生成内容的优异表现，迅速引起了人们对 AI 的广泛关注，市面上各种 AI 产品顺势而出。AI 正以前所未有的速度影响着人们的生活、工作乃至整个社会结构。作为新时代的"弄潮儿"，大学生应该认识 AI，了解 AI 技术，学会使用甚至开发 AI 工具，这也是顺应时代和技术变革的需要。

• 课堂讨论 ···

讨论主题：劳动工具与劳动。

讨论内容：

（1）除了本节介绍的电工类工具和农具，你还知道其他的电工类工具和农具吗？这些工具在劳动中有什么作用？

（2）根据你对 AI 工具的了解和操作体验，你认为随着这些 AI 工具的深入应用，它们可能会替代人类的哪些工作岗位？

3.2　劳动能力

劳动能力是指人进行劳动的能力，是一个人多种能力的总和，是一个人完成劳动任务、从事与职业相关的活动所必备的本领。如果说良好的劳动素养是一个人劳动的"软件"，那么劳动能力就是一个人劳动的"硬件"。劳动能力是完成劳动任务的基础，也是提高工作质量的关键。显然，我们要想成为一名合格的、优秀的劳动者，就需要不断提高劳动能力。

微课：劳动能力

3.2.1　劳动能力体系

劳动能力体系是指劳动能力的基本构成，通常，根据劳动的性质、复杂度和所需技能的不同，劳动能力可分为一般性劳动能力、职业性劳动能力和专业性劳动能力。

1．一般性劳动能力

一般性劳动能力是不受特定领域知识的影响、适用于广泛的实践活动的基本能力，具有稳定性和多样性的特点，主要包括观察能力、认知能力、记忆能力、思维能力、想象能力和动手能力等。形象、具体地讲，一般性劳动能力就是指人们在日常生活和工作中所具备的基本能力，如搬运办公用具、清洁劳动场所、阅读产品说明书、理解上级的指令等。

2．职业性劳动能力

职业性劳动能力是指人们在特定职业领域或行业中所具备的职业技能。它要求劳动者通过接受相关的培训和教育来获得特定的职业技能，并能够应用这些技能完成特定的工作任务，这可能涉及特定的操作技能、工艺技能、技术知识等。例如，厨师需要具备烹饪技能；焊接工需要具备焊接技能；计算机维修人员需要具备维修计算机的技能；财务人员需要具备操作财务分析与管理软件的技能等。

3．专业性劳动能力

专业性劳动能力是指人们在特定领域或行业中具备的高级技术技能。与职业性劳动能力相比，专业性劳动能力更加专门化和高级化，要求劳动者具备更深入、更专业的知识和技能，如歌唱家、文学家、音乐家、地质学家等，他们所具备的专门的劳动能力就是专业性劳动能力。例如，一名歌唱家需要掌握高超的歌唱技巧，一名地质学家需要具备分析地质结构的能力并掌握专业仪器设备的操作使用等。

一般性劳动能力、职业性劳动能力和专业性劳动能力是相互联系的：一般性劳动能力在各行各业中都有所体现，它是劳动者从事各种劳动的基础；职业性劳动能力是人们从事某个具体的职业时必须具备的能力，否则很难胜任具体工作；专业性劳动能力虽然有时是一种天赋，但是在职业性劳动能力的基础上也可以培养出来。

● 课堂讨论 ···

讨论主题：劳动能力如何培养。
讨论内容：
（1）你具备哪些劳动能力？
（2）如何提高自己的劳动能力？

3.2.2　培育通用劳动能力

通用劳动能力是指个人在多种劳动场景中普遍适用、不局限于特定职业或岗位的基本能力。通用劳动能力对于劳动者顺利完成各类劳动任务、提高劳动效率以及适应不同的工作环境都具有重要作用。因此大学生应注重培养通用劳动能力，如自我管理能力、时间管理能力、社会适应能力等，这些能力能让大学生受益终身。

1．自我管理能力

简单来说，自我管理能力就是自我控制的能力。自我管理能力是随着人的意志品质、行为习惯等的养成一起形成的。自我管理能力影响其他素质形成的质量，一个人如果没有一定的自我管理能力，一切都靠他人监督管理，那么他很难提高其他素质。善于进行自我管理的人的思维通常比较清晰，会为自己制订切实可行的奋斗目标，并制订详细、科学的奋斗计划，能够将有限的精力集中投入实现目标的行动中。

大学生应当及时、积极地培养自我管理能力，以助自己取得更高的成就。以下是培养自我管理能力的基本方法。

（1）认识自己

"知人者智，自知者明。"真正聪明的人，既要善于认识他人，又要正确认识自己。正确认识自己，是有效地进行自我管理的基础。因为正确认识自己有利于发现自己的优缺点，知道自己能做什么、该怎么做，从而更好地适应自身、环境和社会的需要，科学地规划自己的发展目标。

（2）拒绝"拖延症"

要培养自我管理能力，大学生就应该拒绝"拖延症"，做到"当日事当日毕"。拖延的事情会成为我们的负担，影响任务的完成。

（3）明确任务的优先顺序

要培养自我管理能力，大学生就应该明确不同阶段任务的重要性，确定任务的优先顺序，把自己的时间、精力集中在最关键的任务上，避免分散注意力。

（4）进行自我激励

进行自我激励是培养自我管理能力的较为常见的有效手段。个人的动力往往来源于对成功的渴望，进行自我激励可以让工作更有效率。

归根结底，人最大的对手是自己，自己想成为一个什么样的人，就要为之而努力，学会自我管理，做到"每日三省"。

◎ 案例阅读　　　　　　　　　**罗森塔尔效应**

罗森塔尔效应又称"皮格马利翁效应"，指人们的信念、成见和期望对所研究的对象产生的影响，由美国心理学家罗森塔尔和雅各布森提出。

当时，罗森塔尔和雅各布森来到一所小学进行实验。他们从一至六年级各选了3个班，对这18个班的学生进行了"未来发展趋势测验"。之后，罗森塔尔将一份他认为"最有发展前途者"的名单交给了相关教师，并叮嘱他们务必要保密，以免影响实验的准确性。实际上，名单上的学生是随机抽取的，但罗森塔尔撒的"权威性谎言"提升了教师们对名单上的学生的期待。8个月后，罗森塔尔和助手们对上了名单的学生再次进行了测验，结果发现凡是上了名单的学生，不仅学习成绩有了较大的进步，教师也给了他们良好的品行评语。

罗森塔尔认为，教师对名单上的学生抱有更高期望并有意无意地通过辅导、赞许等行为方式传递给学生时，学生也会给予积极的反馈并按教师期望的方向发展。后来，罗森塔尔效应多暗喻人在情感、观念和倾向上，会不同程度地受到他人下意识的影响，而被影响的人自身也愿意相信。也就是说，如果个体在做事时愿意相信事情能顺利完成并充满期待，那么就可能得到这样的效果。

点评：罗森塔尔效应表明积极的信念对个体有激励作用，对培养自我管理能力具有指导作用。在自我管理中，个体通过对自己持有积极期望，进而相信自己能够实现目标，这种自我激励可以成为自我管理的重要动力源泉。当然，我们要实现目标必须付出实际行动。

2. 时间管理能力

时间管理是指为提高时间的利用率和有效性而合理安排和运用时间的过程。时间管理不仅是帮助大学生克服拖延症的有力武器，还有助于大学生高效支配时间，可以帮助大学生做一个有计划的人。

（1）时间管理原则

时间虽然不能被创造，但可以被创造性地开发和利用。时间管理的对象其实是使用时间的人，要想更有效率地安排时间，大学生需要遵循以下4个原则。

① 目标明确原则。时间管理的目的在于让大学生在较短的时间内实现尽可能多的目标，因此，大学生需要设定明确的目标，罗列任务清单。在此过程中，大学生要适当分解目标，使目标具体并切实可行。例如，将年度目标分解为季度目标，再将季度目标一层层分解为每周及每天的目标等，这样能帮助大学生根据具体目标投入时间，在正确的时间做正确的事。

② 积极能动原则。积极的信念对个体有激励作用。个体越相信自己的能力，越具有能取得某个特定成就的信念，其思维、行动等越会受到积极影响，这在时间管理上同样适用。因此，大学生要主动确立自己的人生理想，将精力投入其中，同时选择积极的生活方式，以更好地进行自我管理。

③ 计划控制原则。许多难题都是由未经认真思考的行动引起的。我们在制订有效计划的过程中多花费1小时，在实施计划的过程中就可能节省出3小时，并得到较好的结果。而想要计划更加科学、完善，大学生就需要学会根据目标确定优先顺序，统筹安排活动并合理分配时间。

④ 实践发展原则。时间管理的实践发展原则是指大学生要根据自己角色的变化，结合社会、环境、科技的发展情况，不断学习新的时间管理方法，并加以运用和不断完善。

（2）时间管理方法

时间管理的方法有许多，如打卡表格法和计划清单表格法。这两种方法操作简单、便捷，能够满足时间管理的基本需求。

① 打卡表格法。大学生可参考表3-3制订打卡表格，确定自己需要完成的目标。例如，周一预习必修课，目标完成画"√"；未完成则保留空白或画"×"。若连续获得多个"√"，大学生可奖励自己，如吃美食、看电影等。这种时间管理方法可以对大学生起到正面的暗示作用，有助于帮助大学生建立自信心。

表3-3　打卡表格

周一	周二	周三	……	周日
7点起床√				
预习必修课√				
自习《电子商务》第1章 ×				
打1小时羽毛球√				
背30个新单词√				

② 计划清单表格法。采用计划清单表格法进行时间管理，大学生需要规划一段时间（如一天或一周）的事项，列出必须做的待办事项，这些待办事项应区分主次关系，优先将主要精力放在相对来说重要的事情上，不太重要、对自己帮助不大且更耗时间的事情可延后处理、交给别人处理或者直接放弃。大学生可参考表3-4制订计划清单表。

表3-4 计划清单表

一日计划（＿＿＿年＿＿＿月＿＿＿日）

时间	待办事项	完成情况	备注
上午			
下午			
晚上			

3．社会适应能力

社会适应能力是指人们为了在社会中更好地生存而做出心理上、生理上以及行为上的各种适应性改变，从而与社会达到和谐状态的一种执行能力。社会适应能力是一个综合性的能力，涉及社交技巧运用、情绪管理和问题解决等多个方面，是反映一个人综合素质能力高低的重要指标。对于大学生来说，培养社会适应能力不仅有助于从校园生活成功过渡到社会生活，还能够提高挑战应对能力。因此，培养和提高社会适应能力非常重要。

大学生可以通过以下方法来提高自己的社会适应能力。

（1）积极参加社会实践活动

参加学生社团活动、志愿者活动等社会实践活动是大学生提高社会适应能力的重要途径之一。大学生通过参与社会实践活动可以接触各种人群、了解社会、认识自我，还可以在活动的互动过程中，锻炼组织能力、沟通能力和合作能力。

（2）建立社交支持网络

建立良好的社交支持网络对于大学生社会适应能力的培养非常重要。大学生可以与朋友、家人、同学、老师建立良好的人际关系，与他们分享自己的困惑和问题，听取他们的建议和反馈，可获取他们的支持和理解，从而更好地应对挑战和压力。

（3）培养自信心和积极心态

社会适应能力不在于避免困难，而在于如何面对困难。因此，为了提高社会适应能力，大学生要提高心理素质，培养自信心和积极心态，以更好地适应社会的变化和挑战。培养自信心和积极心态，一方面要不断提高自己的专业素养和技能；另一方面要勇敢面对困难和挑战，相信自己能够解决问题和取得成功。

（4）学会与他人合作

与他人合作是提高社会适应能力的重要方法之一。合作需要大学生倾听他人的观点和理解他们的需求，同时也需要大学生主动提供帮助和支持。在合作中，大学生要善于沟通和协调，解决问题和处理冲突。通过与他人合作，大学生可以培养团队精神和合作能力，更好地适应社会环境。

（5）提高解决问题的能力

社会适应能力的高低与解决问题能力的高低有关。因此，提高解决问题的能力是大学生提升个人能力和应对未来挑战的关键之一。解决问题，首先要清晰定义问题，然后通过图书馆、互联网等途径广泛收集相关信息，也可以向同学、老师或行业专家请教，获取他们的建议和意见，接着将收集到的信息进行整理分析，最后基于分析结果，制定解决方案。

• **课堂讨论** ·····································

讨论主题：自我管理与时间管理。

讨论内容：

（1）自我管理指的是什么？如何培养和提高自我管理能力？

（2）时间管理指的是什么？如何有效进行时间管理？

3.3　劳动创新

在国家建设和改革的洪流中，广大劳动者以激昂的劳动精神和蓬勃的创造力量，为国家富强、人民幸福做出了不可磨灭的贡献。在波澜壮阔的历史进程中，劳动与创新无法分割。人类劳动从制造和使用劳动工具开始，而随着劳动的不断深入，新型劳动工具也层出不穷。这些新型的劳动工具，又反过来促使人类进行更多有目的的劳动。因此，劳动与创新始终联系在一起。

微课：劳动创新

3.3.1 劳动创新的概念

劳动创新的关键在于创造性地劳动，即通过在劳动过程中革新技术、知识和思维，来提高劳动效率、生产出更多的社会财富和成果。

劳动创新不拘泥于形式，强调人的智力和创造力，讲究多动脑思考，而不是"蛮干"。创新性是其最突出的特点之一。创新性要求劳动者突破传统的思维模式，提出新颖独特的想法、观点或解决方案，可以是技术、产品设计、服务方式方面的创新，也可以是工艺流程、管理模式、商业模式等方面的创新。例如，智能手机的出现颠覆了人们对传统手机的认知，这就是技术创新带来的创新性成果。

同时，劳动创新也具有普遍性的特征。体力劳动可以进行劳动创新，如体力劳动过程中借助智能化工具和技术来提高效率；脑力劳动是创新劳动的基础，在脑力劳动中不一定因循守旧，如在艺术创作中，不断创新表现形式。传统行业需要劳动创新，新兴行业也需要劳动创新，创新是推动行业发展的关键，能够提高服务效率和用户体验。劳动创新普遍存在于各种形式的劳动之中，这是客观事实。

👁 **案例阅读**　　　　**不断创新，环卫工也能成为"大工匠"**

河北省沧州市运河区环境卫生管理站站长李德在20岁的时候就进入了环卫系统。在维修车间工作时，李德发现当时环卫车辆的变速箱拆装不方便，几个大小伙子一起抬都非常吃力，他靠着一股儿冲劲，钻研出变速箱绞车，实现了一人拆装变速箱。

李德当上河北省沧州市运河区公厕管理站站长后，决心要让工人们告别肩背、手提粪桶的日子，开始钻研小型粪便机械作业车。经过不断摸索和尝试，他成功研制出工人只需按动操作按钮，就可以轻松完成粪便从清掏到倾倒全过程的作业车；看到工人们在疏通下水道时手上磨出了水泡，李德发明了多功能高压冲洗车，这车既能疏通管道，又能洒水、冲洗；看到小型吸污车无法进入平房区，每次都得靠几十米长的管子连接厕所吸污，他又发明了手摇绞盘……

李德进入环卫系统后，经过多年的刻苦钻研，实现技术革新100多项，其中多项技术革新获得国家专利，创造了极高的经济价值。在环卫系统这么多年，李德有多次机会离开，有的单位看中他的能力要将他调走，有的厂家看中他的才干让他去做技术指导，有的机构想高薪聘请他任教，但李德始终坚守初心，奋战在环卫一线……

点评：每一个普通的劳动者都可以是创造性劳动的践行者，只要我们刻苦钻研、勇于创新、坚持不懈，也可以像李德这样从环卫工成长为"大工匠"。

● **课堂讨论** ●

讨论主题：劳动创新的概念。

讨论内容：

（1）如何理解劳动创新？

（2）劳动创新重要吗？为什么？

3.3.2　劳动创新的基本条件

创造性劳动虽然具有普遍性的特点（任何人都可以是劳动创新的实践者），但是实施起来也并非易事，（对劳动者而言）越是具备相当的条件，越是更容易取得成功。

1．知识与技能储备

丰富的知识和扎实的技能是劳动者进行劳动创新的基础。这包括对所在领域的深入理解，掌握相关的专业知识和技术，以及具备广泛的跨学科知识。例如，一个从事科技创新的人，不仅需要精通自己所研究的专业知识，如物理学、化学等，还需要了解数学、计算机科学等相关领域的知识，为创新提供多元的思维角度和方法。

2．开放的思维与创新意识

具有开放的思维模式对劳动创新至关重要，它可以让劳动者不被传统观念和既有模式所束缚，勇于提出新的想法和观点。而创新意识能够驱使劳动者不断探索未知，追求新的可能性。例如，在设计领域，设计师需要打破传统的设计理念，以独特的视角和创新的手法来创造出与众不同的作品。

3．良好的观察力和洞察力

善于观察周围的事物，捕捉细微的变化和潜在的需求，可以发现问题和机会。洞察力则能够帮助人们透过现象看到本质，深入分析问题的根源和内在联系，为劳动创新提供方向和灵感。例如，市场调研人员通过观察消费者的行为和市场趋势，洞察到潜在的市场需求，从而为企业的产品创新提供依据。

4．实践与经验积累

大量的实践是提高劳动创新能力的重要途径之一。通过不断实践，劳动者可以逐步提升创造力。经验的积累则可以让劳动者在面对新的问题和挑战时，能够迅速调动以往的经验和知识，进行有效的创新。

5．积极的心态和坚持不懈的精神

在劳动创新的过程中，往往会遇到各种困难和挫折。保持积极乐观的心态，能够帮助劳动者在困境中保持信心和动力。而坚持不懈的精神使得劳动者能够在面对多次失败时不放弃，持续探索和尝试，直到取得成功。

6. 良好的团队协作和交流环境

劳动创新往往并非孤立的个人行为，与他人合作和交流通常能够激发更多的创意和灵感。在团队中，成员之间可以相互学习、相互启发，共同攻克难题。一个开放、包容和鼓励交流的团队环境，有利于创造性成果的产生。

7. 充足的资源支持

充足的资源，包括物质资源（如资金、设备、材料等），以及人力资源（如专业的合作伙伴和助手），能够为劳动创新提供必要的保障和支持，使其得以顺利开展。

◉ 案例阅读　　　　　**大学生劳动创新，共筑环保实践梦**

在"五一"国际劳动节来临之际，青岛理工大学环境与市政工程学院举办了"清池净滩，共护碧水蓝天"活动，旨在引导学生将课堂所学转化为实际行动。

针对校园荷塘因浮萍泛滥导致的水体严重富营养化问题，环境与市政工程学院的大学生科技创新团队挺身而出。他们身穿雨靴雨裤，深入荷塘，撒下自主研发的絮凝剂，同时捞取枯枝、清理浮萍，以实际行动彰显大学生的环保责任感。团队指导教师表示，他们团队专注于创新水体微藻治理技术，独创的技术具有快速治理和自行气浮等独特优势。未来，他们将继续完善这一产品，并探索更多环保技术手段，以更有效地解决水污染问题。

活动结束后，团队对荷塘水质进行了采样检测，通过对pH值、有机污染物含量等指标的测定，为后续对荷塘水质改善方案提供了数据参考，进一步实现了将专业知识在劳动实践过程中的赋能转化。

点评：通过青岛理工大学环境与市政工程学院的实践活动，我们可以看到劳动创新不仅需要扎实的专业知识和技能储备，更离不开实践与经验的积累。这表明，劳动创新需要具备一定的条件才能取得一定的成果。因此，大学生务必加强专业知识的学习，具备开放的思维与创新意识，在学习和实践中积累充分的知识并进行技能储备，这样更容易发现创新的契机，并取得创新成果。

• （ 课堂讨论 ）•••

讨论主题：实现劳动创新需要具备的条件。

讨论内容：你认为哪些条件是实现劳动创新不可或缺的？为什么？

3.3.3　应用AI工具辅助学习与办公

生成式AI工具基于其内容生成能力，应用于学习和办公中，可以创新劳动方式、提高学习效率和工作效率。在学习中，它可以帮助人们获取学习资料、进行语言翻译、辅助论文写作、辅助简历设计、提供编程建议和代码审查等；在办公中，它可以帮助人们撰写营销文案、工作计划、工作总结、市场调查报告，以及设计海报、进行数据分析等。

通常，生成式AI工具，根据对用户输入指令的理解，生成符合用户需要的内容。不同的生成式AI工具的内容生成能力不同，面对相同的指令也会提供不一样的答案。因此，编辑合理的指令是获得更准确有效的回答的关键。总体上，用户向生成式AI工具发出指令应遵循明确具体、简明扼要、语言规范以及避免绝对化（避免使用"最好的""最适合"等绝对化的词汇）等基本规则。例如，"如何创建一个表格？"与"在Word中如何创建一个表格？"后者更明确具体；"我在学习编程，我想知道在线编程课程是什么，哪个平台有丰富的编程教学资源？"与"请推荐一些在线编程课程和优质的编程教学平台。"后者更简明扼要。通过遵循相关基本规则，生成式AI工具可以更好地理解用户的需求并给出更相关、准确、客观和实用的回答。

例如，下图所示在文心一言中通过发出指令："对于阑尾炎手术，开腹手术的具体操作步骤有哪些，从切口选择到阑尾切除以及后续的关腹环节，都分别要注意什么关键细节呢？"帮助医学专业学生了解阑尾炎手术流程和操作规范等相关知识。

使用文心一言查询信息 ●

又如，下页图所示在文心一言中通过发出指令："撰写一份中秋节放假通知。时间：2025年中秋节，告知员工准确的放假时间。注意事项：提醒员工假期游玩注意安全。突发事件处理：遇到紧急事情，可与公司负责人联系，联系电话135××××1111。公司：××公司。"明确撰写主题和要求，辅助办公人员快速撰写一份放假通知。

撰写一份中秋节放假通知。时间：2025年中秋节，告知员工准确的放假时间。注意事项：提醒员工假期游玩注意安全。突发事件处理：遇到紧急事情，可与公司负责人联系，联系电话135××××1111。公司：×× 公司。

中秋节放假通知

尊敬的全体员工：

根据国家关于法定节假日的规定，结合我公司的实际情况，现将2025年中秋节放假安排通知如下：

一、放假时间：

2025年中秋节假期为9月XX日（星期X）至9月XX日（星期X），共计X天。9月XX日（星期X）正常上班。

二、注意事项：

1. 假期期间，请大家妥善安排好工作和生活，确保度过一个安全、愉快的节日。

2. 外出游玩的员工请注意交通安全，遵守公共秩序，注意人身和财产安全。

3. 请各部门负责人在放假前做好安全检查，确保办公区域的门窗、电源等关闭妥当，避免安全隐患。

三、突发事件处理：

如遇紧急事情或特殊情况，请及时与公司负责人联系。公司负责人联系电话：135××××1111。我们将竭诚为您解决问题。

祝大家中秋节快乐，阖家幸福！

特此通知。

××公司

2025年X月X日

↻ 重新生成 　 □ 　 🖼 　 ⋯ 　 👍 　 👎

使用文心一言撰写通知 ●

首次获得对话结果后，用户可以根据需要继续追问，对生成的内容进行补充或优化，使生成的内容更加符合实际需要。另外，虽然 AI 在内容生成方面已经取得了很大的进展，但它仍然存在一些限制和不足之处。因此，在使用 AI 生成内容时，用户需要保持审慎和批判的态度，凭借自己的知识经验与其他可靠的信息源确保生成的结果真实、准确和可靠。

> **劳动大讲堂**
>
> 随着 AI 的不断发展，它在诸多领域均得到广泛应用，但它只是作为服务人类发展的一种工具。我们可以利用 AI 答疑解惑，提高学习、工作效率或开阔视野，但不能用其窃取私密，破坏网络环境等，这不仅违背道德甚至触犯法律，也与人们研发 AI 的初衷背道而驰。同时，需注意 AI 工具自动生成的内容往往不能作为最终结果，需要用户辨别信息真假、判断信息是否侵权、是否涉及私密信息等，在编辑优化处理后，才可用作他途。

• **课堂讨论** ···

讨论主题：AI 工具的实践应用。

讨论内容：

（1）根据你对 AI 工具的实践体验，你认为它对我们日常的生产生活有何帮助？

（2）根据你对 AI 工具的实践体验，你认为目前的 AI 工具存在哪些不足或缺陷？

3.4　劳动与合作

如今，科技高速发展，社会分工精细，而个人的能力总是有限的。为了共同的目的一起工作，已成为当下主要的工作模式。特别是对于那些环节复杂或技术含量高的劳动，团结合作是提高劳动效率、顺利完成劳动任务的必然选择。因此，大学生需要树立合作意识，提升合作劳动的能力，以适应社会发展的需要。

微课：劳动与合作

3.4.1　树立合作意识

合作意识是指个体对共同行动及其行为规则的认知与情感，是劳动者团结合作行为产生的基本前提和重要基础。在现代社会，人与人之间的沟通和合作越来越多，合作意识成为人们生存和发展必备的意识。当代大学生拥有良好的学习环境和教育条件，为迎接新时代的挑战，应积极树立合作意识，为个人长远发展奠定良好的基础。

1．认识合作的价值

要树立合作意识，应深刻认识合作产生的价值。合作可以整合不同的资源、知识和技能，实现优势互补，从而提高劳动效率，创造出单个个体无法达成的成果。例如，在科研领域，不同专业背景的学者合作，能够从多个角度攻克难题，推动科学技术的进步。大学生要真正理解合作带来的巨大好处，需要多参加各类团队活动，如体育比赛、志愿活动、小组讨论等。在这些活动中，亲身感受团队合作的力量和乐趣。

2．尊重团队成员

合作意识的要义是"团结"，需要团队成员"心往一处想，劲往一处使"，团队成员相互尊重是保证大家团结一心、合作成功的基础。在团队中，每个人都有自己的优点和不足，以及独特的思维方式和行为习惯，大学生要尊重这些差异，学会从不同的角度看待问题，充分发挥每个人的优势，实现优势互补。

3．信任团队成员

树立合作意识，要学会信任他人。在合作中，给予团队成员充分的信任是至关重要的。如果团队成员之间能够形成和谐的信任关系，相处就会融洽，就有助于形成相互尊重、相互理解的工作氛围和宽松的工作环境。这将激发大家的工作热情。

4．充分发挥自己的聪明才智

树立合作意识，劳动者要有在团队中充分发挥自己的聪明才智的意识，更多地在团队中展示自己的才能，让大家了解自己的观点、思想，为实现共同目标贡献自己的力量。

5．善于鼓励他人

在团队中，劳动者除了要提出自己的观点，还应该鼓励其他成员各抒己见，鼓励他们在团队中发挥自己的作用，让他们意识到自己的重要性。即劳动者不仅要让自己积极参与团队活动，还应该鼓励团队中的其他人也积极参与进来。

6．学会分享

树立合作意识，要学会分享，包括分享知识、经验和资源等。通过分享，劳动者不仅能够增进彼此之间的了解和信任，还能促进共同成长，提高合作的效果。

7．接受批评与建议

树立合作意识，劳动者要以开放的心态接受团队成员的批评和建议，将其视为改进和成长的机会，不因为被指出不足而产生抵触情绪，而是积极反思并做出改变。

⊙ 案例阅读　　　　　**华为铁三角模式：团队管理"新标杆"**

华为的铁三角模式是一种高效的销售与团队管理策略，以客户为中心，注重团队协作与流程优化。该模式通过客户经理、方案经理和交付经理的紧密合作，确保了对客户需求的深度理解和快速响应，成为华为市场竞争力的关键所在。

在铁三角模式中，客户经理专注于客户关系管理和业务需求挖掘，通过深入了解客户需求，制定销售策略，提升客户满意度；方案经理则负责产品设计、解决方案定制及报价投标，运用专业技术为客户提供个性化方案；交付经理则承担项目实施、质量控制等任务，确保项目按时、高质量交付。

铁三角模式的核心在于以客户为中心，通过团队协作提供全方位解决方案。华为在实施该模式时，注重流程规范与细节管理。从团队组建开始，便根据客户特点选择合适的成员，明确职责与目标，建立高效的沟通协作机制。随后，通过细致的规划与执行，确保项目顺利进行。在执行过程中，华为持续监控项目进展，灵活调整策略，确保项目成功。项目完成后，华为还会进行评估与优化，为后续项目积累经验。这种高效的工作模式不仅提升了客户满意度，还显著提高了项目成功率和团队效率。

点评：华为公司的铁三角模式充分展现了团队协作在销售和服务领域中的重要性。通过团队协作，企业能够打破部门壁垒、提升客户满意度、快速响应市场变化以及提高项目成功率和团队效率。这为大学生树立劳动意识提供了有益的启示。大学生应该从中汲取经验，学习如何协同多元角色、确立共同目标、有效沟通与协调，以及勇于承担责任，从而在未来的学习和工作中更好地与他人合作，共同创造更大的价值。

• 课堂讨论 ◦◦

　　讨论主题：树立合作意识的意义。

　　讨论内容：

　　　　（1）你是怎样理解合作劳动的？

　　　　（2）合作意识对合作劳动有何意义？

3.4.2　提升合作劳动的能力

　　当今社会，合作劳动的场景越来越多。合作劳动能力也是许多企业非常重视的能力。因此，大学生应通过各种途径积极提升自己的合作劳动能力。

1．提升自我认知

　　大学生需要对自己的优势、劣势、性格特点、工作风格等有清晰的认识。这样，在合作劳动中，大学生可以清楚自己在团队中能够承担什么角色，创造什么样的价值，以及可以进一步改进和调整的地方。例如，如果自己的性格比较急躁，那么在合作中就要学会控制情绪，避免影响团队氛围。

2．加强专业技能

　　拥有扎实的专业知识和技能是在合作中发挥作用的基础。大学生应不断学习以提升自己所在领域的能力，使自己能够为合作项目做出贡献。例如，如果自己从事的是软件开发项目，就要不断学习新的编程语言和技术框架，提高编程能力。

3．提高沟通协作能力

　　沟通协作是合作劳动中至关重要的一种能力。大学生要掌握有效的沟通技巧，学会清晰、准确、及时地表达自己的想法和观点，同时也要善于倾听他人的意见和建议。在协作方面，大学生要学会分工合作，合理分配任务，确保团队工作的高效进行。

4．增强应变能力

　　合作过程中难免会遇到各种突发情况和变化。大学生要培养自己灵活应变的能力，能够迅速调整计划和策略，以适应新的情况。例如，在项目进行中，突然遇到技术难题，大学生要能够迅速寻找替代方案或者寻求外部帮助。

5．不断总结经验并吸取教训

　　每次合作结束后，大学生需要及时对整个过程进行总结和反思。分析成功的经验和存在的不足之处，以便在今后的合作中加以改进和提高。

6．学习团队管理知识

大学生可以学习一些团队管理的知识和方法，如了解团队的发展阶段、激励机制等，从而更好地在合作中发挥作用，推动团队的发展。

• 课堂讨论 ○

讨论主题：提升合作劳动的能力。

讨论内容：

（1）合作劳动的能力体现在哪些方面？

（2）如何提升自己的合作劳动能力？请举例说明。

实践活动——花卉盆栽种植

1．活动目的

大学生通过花卉盆栽种植实践活动，不仅能学习种植、养护花卉的基本知识，提升实践操作能力，还能在花卉盆栽种植过程中体会劳动成果的来之不易和劳有所得的乐趣、成就感，在学习之余感悟"劳动创造美"的价值，以及培养耐心、观察力和责任感，以促进个人全面发展。

茉莉花种植

2．活动内容

大学生可以以团队或个人形式参与花卉盆栽种植活动。活动的主要流程提示如下。

（1）活动准备。了解种植、养护花卉的基本知识，包括花卉的选择、花卉的种植步骤、花卉的养护等。

栀子花种植

（2）花卉选择与采购。选择适合当地气候、易于养护的花卉，如常见多肉、草本花卉、小型灌木等，并从学校附近的花店或网上购买花卉种子或幼苗（有的花卉生长周期较长，从播种到开花可能需要数月，因此，在实践中可以选择成株的花卉栽培）。

（3）盆栽制作与种植。准备好花盆（可自制或购买）、土壤、肥料、工具等材料，然后进行盆栽制作，包括土壤调配、种子播种或幼苗移植等，并为盆栽制作标签，记录花卉的品种名称和种植日期。

（4）养护与观察。养护花卉，使其得到适当的光照、水分和肥料，记录花卉的生长变化，如高度、叶片数量、开花情况等，并拍摄照片留档。此外，遇到病虫害或生长问题时，与同学讨论寻求解决方案，必要时请教专业人士。

3. 活动要求

确保花卉盆栽种植活动遵守学校安全规定，使用工具时注意安全。种植周期（从播种到开花）结束后，制作一份简单的实践活动报告，如表3-5所示。

表3-5　花卉盆栽种植实践报告（示例）

种植的花卉	栀子花
种植周期	4月12日 ~ 5月12日
种植过程描述	（1）种植准备。购买一个盆径25cm左右、盆深30cm左右的透气花盆；购买即将开花的成株的栀子花（冠幅30cm左右、叶片翠绿、枝条健壮、无病虫害）；使用园土、腐叶土和沙土按3:3:1的比例混合制作盆土。 （2）上盆种植。花盆盆底铺一层碎石以确保透气排水，再铺一层薄薄的新制作的盆土并施底肥（花生炒熟碾碎后撒到盆底当底肥），剪掉栀子花老化、腐烂的根系，并将栀子花放入盆中，填入新制作的盆土直至填满花盆。栀子花装盆完成后，朝栀子花中心的主干浇水，直到浇透为止。 （3）制作标签。用硬纸片制作一个标签，写上花卉的品种名称和种植日期，将标签贴到花盆上。 （4）后期养护。包括每日浇水，确保阳光充足、避免烈日暴晒，每隔1~2周施一次肥，剪掉枯枝、病枝……
成果展示（不同时期花卉的生长状态照片）	
实践总结	

思考练习

1. 劳动知识与劳动能力之间有何关联？

2. 简述劳动伦理知识中有尊严地劳动、公平地劳动、自由地劳动和幸福地劳动所代表的含义。

3. 如何保障劳动心理健康？

4. 劳动能力如何划分？可以通过哪些途径提升自己的劳动能力？

5. 什么是劳动创新？实现劳动创新需要哪些基本条件？

6. 如何培养团队合作能力？

7. 使用文心一言的绘图功能，通过描述图片内容和风格，为所在班级设计并生成创意班徽图案。

第4章
劳有所得
——劳动与生活自立

【目标指引】

1. 理解生活劳动、勤工助学带来的积极影响。
2. 积极培养生活劳动习惯。
3. 积极进行勤工助学实践活动,以提高自身能力和素养。

🔍 案例导入

　　邓玥是湖南某学院2022级人工智能学院的一名学生,同时担任班级班长及学生会轮值主席。

　　邓玥在大学期间通过勤工俭学的方式,不仅减轻了家庭的重担,还充实了自己的课余生活和锻炼了自己的能力。每年的寒暑假期,她都会投身于兼职工作中,汗水浸湿了衣衫,她却从未有过丝毫退缩。在校期间,她依靠国家助学贷款和助学金支撑学业,课余时间则在地铁站担任安检员、在校内兼职,并多次承担监考任务,以此自给自足,支付生活费用。这一系列经历,无不彰显出邓玥热爱劳动、辛勤劳动的劳动精神和自立能力。

　　自踏入大学校园,邓玥对自己的大学生活便有了清晰的规划。她深知学习的重要性,因此在学业上刻苦钻研,学习成绩优异。邓玥还积极参加各类实践活动,力求德智体美劳全面发展。作为班长,她尽心尽力组织各项活动,带动班级同学自立自强,利用周末时间参与社会实践。她以身作则,每天在班级群分享励志语录,鼓励同学共同进步。作为学生会主席,她秉持"为同学做实事"的宗旨,带领全体学生会成员积极投身于学生工作。她精心策划并组织了多场学生活动,赢得了师生的一致好评。

　　邓玥通过劳动实践锻炼自己,提升能力,为学院和班级的发展做出了重要贡献。她坚信,只要持之以恒地努力,坚守热爱,积极投入,终将收获满满。

　　邓玥的成长历程充分展现了劳动对于个人成长的重要意义。她通过勤工俭学、学生干部工作等多种形式的劳动实践,不仅锻炼了自己的意志品质,提升了个人能力,更在实践中学会了如何与他人合作,如何服务社会。邓玥的故事启示我们:劳动是成长的必经之路,只有通过劳动,才能不断磨砺自己,成就更加美好的未来。

4.1　生活劳动

日常生活劳动是满足每个人衣、食、住、行等基本需求的基础性劳动。要想把生活的各个方面安排得井井有条，人们需要养成良好的劳动习惯，并付出相应的劳动。大学生进行日常生活劳动实践，能够从中体验持家之道，提高个人生活自理能力，强化劳动自立意识。

微课：生活劳动

4.1.1　自我服务

自我服务劳动是一个人生存、生活必须具备的基本技能，指照料自己生活的各种劳动，如个人卫生清洁（包括修剪指甲、清洗衣物等）、个人物品整理、洗碗筷、擦桌椅、班级值日等。当代大学生从小生活在物质充盈的环境下，接受良好的教育，吸收丰富的知识，整体素质较高。但是，对待劳动，部分大学生的态度不够积极。有人说："学习太忙，劳动占

清洗衣物 ●

用时间会影响学习。"有人说："现在科技这么发达，各种先进的机器和人工智能可以完成的劳动，没必要自己动手完成。"也有人说："可以雇人来帮忙做，自己还有重要的事情要处理。"长此以往，我们就可能成为"四体不勤，五谷不分"的人。自我服务劳动可能并不起眼，但就是这些生活中点点滴滴的自我服务劳动，不仅有利于改善我们的生活与学习环境，培养我们独立生活的能力和动手实践能力，还可以改变我们的不良习惯和生活作风，使我们成为真正热爱劳动的劳动者。

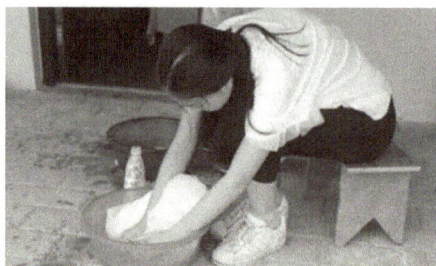

● 课堂讨论 ·····································

讨论主题：自我服务的内容与意义。

讨论内容：

（1）自我服务包括哪些内容？

（2）做好自我服务对于培养独立生活能力有何作用？

4.1.2　家庭劳动

家庭劳动与自我服务劳动相辅相成，它比自我服务的劳动范围更广，主要是为所有的家庭成员服务。其具体内容有家庭卫生清洁、衣物护理、烹饪、家具家电维护、照顾老弱幼小、采购家庭物资等。

家庭劳动是大学生容易接触的一类劳动，但部分大学生不仅没有家庭劳动的习惯，甚至还对这种劳动嗤之以鼻。实际上，无论从锻炼自身的角度来看，还是从孝敬父母的角度来看，家庭劳动都是大学生家庭责任的一部分，大学生应该主动培养家庭劳动的习惯，积

极参与家庭劳动。

第一，大学生不能拿学习作为不劳动的借口。相反，合理的家庭劳动不仅能锻炼身体，通过劳逸结合还有助于提高学习效率。第二，作为成年人，我们有义务帮助父母减轻生活负担，而家庭劳动就是直接且有效的方法。例如，洗衣做饭、打扫房间、采购物资、整理衣物等，就可以很好地帮助到父母。积极参与家庭劳动，久而久之，就能够建立起良好的家庭劳动习惯，并有助于培养"崇尚劳动、热爱劳动、辛勤劳动、诚实劳动"的劳动精神。

👁 案例阅读 　　　　　　　　劳动让人自立自强

陈江雪母亲的身体不好，维持家庭正常开支的重担落在了她父亲一个人肩上。因此，陈江雪十分懂事，从小就养成了勤做家务的好习惯，主动承担起家里大部分家务，每天洗衣做饭、打扫卫生，有空还帮爸爸劳作。在这种情况下，陈江雪更加珍惜有限的学习时间，在学习上争分夺秒。因此，她的学习成绩一直名列前茅。

时光飞逝，陈江雪母亲的身体有了好转，她也以优异的成绩考上了一所重点大学。陈江雪为自己制订了一份明确的学习计划，并严格执行。通过不懈努力，她在大学期间多次获得奖学金，并且顺利通过了大学英语四级考试和计算机二级考试。陈江雪在学习方面取得了丰硕的成果，成为同学们的榜样。

陈江雪的事迹广为流传，她也因此接受了校园采访。她告诉大家，长期以来的劳动习惯锻炼了她的体质、磨炼了她的意志、培养了她自强不息的精神，使她不仅懂得坚持不懈的意义，而且更加珍惜人生有限的时光。她说在未来的日子里，希望母亲身体越来越好，希望自己学有所成，将来会努力靠自己的力量，帮助更多需要帮助的人。

点评：陈江雪长期坚持劳动，既磨炼了自己的意志，又培养了自强不息的精神，更因此懂得坚持的意义，并更加珍惜时间。我们应以陈江雪为榜样，热爱劳动、积极参加劳动，这对自己的身体素质、心理健康等各个方面都有极大好处。

• 课堂讨论 ∙∙

讨论主题：家庭劳动的内容与意义。

讨论内容：

（1）家庭劳动包括哪些内容？

（2）积极参与家庭劳动对培养劳动精神有何意义？

4.1.3 宿舍劳动

宿舍劳动的主要内容是宿舍卫生保洁。除上课学习，多数学生大部分的时间是在宿舍里度过的。创建一个文明健康、舒适整洁的宿舍环境，对大学生的身心健康起到积极的促进作用。因此，进行宿舍卫生清洁劳动是每一位大学生的责任和义务。首先，大学生应增强主人公意识，认识到宿舍卫生清洁劳动是自己大学生活中不可忽视的一部分，与自己生活环境的好坏息息相关。其次，大学生应该明确，宿舍卫生清洁是大家共同的责任，要想长期保持良好的宿舍环境，不能光靠少数人，需要全宿舍的人都参与进来。最后，为了达到这个目标，大学生可以通过编制"宿舍卫生公约"或"劳动计划表"来平均分配每个人的劳动任务和劳动量。这样，不仅可以让大家齐心协力完成劳动任务，还可以加深与室友之间的感情，并增强团队合作意识。

👁 **案例阅读**　　　　　　　　　宿舍卫生公约范文

　　为了营造一个干净、整洁、健康的宿舍环境，提升居住品质，增强室友间的团结协作精神，某大学宿舍制定了宿舍卫生公约。具体内容如下。

　　本公约旨在明确宿舍卫生管理要求，规范个人与集体的卫生行为，促进宿舍文化的健康发展。本宿舍所有成员均须自觉遵守以下条款。

　　一、个人卫生习惯

　　（1）个人卫生。每位室友应保持个人卫生，定期洗澡、更换衣物，保持床铺整洁，个人物品摆放有序。

　　（2）垃圾处理。每日清理个人垃圾，投放至宿舍楼指定的垃圾桶内。不随意丢弃垃圾，尤其是食品包装、纸巾等易腐坏垃圾。

　　（3）公共卫生区域。使用公共卫生间、洗漱间后，及时清理使用痕迹，保持地面干燥、无积水，台面整洁无杂物。

　　二、宿舍卫生值日制度

　　（1）轮流值日。宿舍内部实行轮流值日制度，每周或每月轮换一次，确保宿舍卫生得到定期打扫。

　　（2）值日职责。值日人员负责宿舍地面、桌面、窗台、门把手等公共区域的清洁，以及垃圾的定时清理。

　　（3）卫生检查。宿舍成员应配合学校或宿舍管理部门的卫生检查，对检查中发现的问题及时整改。

　　三、卫生标准与要求

　　（1）地面清洁。宿舍地面应保持干净，无垃圾、无积水。

　　（2）桌面整洁。书桌桌面应保持整洁，不堆放过多杂物，书籍、文具等，物品摆放要有序。

　　（3）床铺整理。床铺应每日整理，床单、被罩应定期清洗，保持床铺的整洁美观。

　　（4）通风换气。定期开窗通风，保持宿舍空气流通，减少细菌滋生。

四、卫生公约的执行与监督

（1）牢记公约。宿舍成员应牢记本公约，增强卫生意识，形成良好的卫生习惯。

（2）相互监督。宿舍成员应相互监督，对违反公约的行为进行提醒和纠正。

（3）违规处理。对违反公约的行为，宿舍成员应协商处理，必要时可寻求辅导员或宿舍管理部门的帮助。

我们坚信，通过宿舍成员们的共同努力，能够构建一个干净、整洁、健康的宿舍环境。让我们携手并进，共创美好校园生活！

点评：这份宿舍卫生公约明确了个人卫生习惯、值日制度、卫生标准与要求、执行与监督等内容，以形成长期有效的宿舍卫生管理机制，持续改善宿舍卫生环境。大学生可以根据实际情况对此公约内容进行调整和补充，确保公约内容符合宿舍成员的共同意愿和实际需求，达到增强宿舍成员主人翁意识，养成良好劳动习惯的目的。

• 课堂讨论 °

讨论主题：宿舍卫生保洁的内容与意义。

讨论内容：

（1）宿舍卫生保洁包括哪些内容？

（2）宿舍卫生保洁对大学生的生活有何意义？

4.2　勤工助学

对大学生而言，进行劳动除了能锻炼身体、培养团队意识、树立正确的劳动价值观等，还可以增加一些额外的收入，以改善学习和生活条件。目前，国家倡导、学校鼓励的大学生通过劳动增加收入的方式主要是勤工助学，即大学生利用业余时间，自愿地通过合法、诚实的劳动，获取一定的经济报酬。

微课：勤工助学

4.2.1　勤工助学的好处

勤工助学作为大学生进行劳动实践的常见方式，它不仅能帮助大学生获得报酬，减轻家庭负担，还有许多其他的好处。

1．勤工助学有助于完善大学生的就业心态

勤工助学能够帮助大学生正确认识和评价自己的劳动价值。大学生通过勤工助学，可以以更务实的心态面对就业，理智地确立自己的就业期望。

目前，也有相当一部分大学生参与勤工助学的目的是缓解自己在大学期间的经济困难。同时，勤工助学是在大学生完成既定的学习任务后开展的，因此，这样的劳动报酬就更显珍贵，更能让大学生明白劳动成果来之不易。同时，大学生在劳动中也可以对自己的工作能力产生直观的认知，避免在择业和就业时出现好高骛远、眼高手低或妄自菲薄，甚至自暴自弃的情况。

2．勤工助学有助于培养和提升大学生的道德品质

大学生参加勤工助学，能够更好地了解我国国情，更直观地感受到国家对人才、对知识的需求，从而增强社会责任感，自觉抵制不良思想，树立起健康、向上的人生观和价值观。

3．勤工助学有助于提升大学生的综合素质

大学生在勤工助学时，可以在真实的工作岗位上锻炼自我，将所学知识应用于实践，找到自己与岗位需求之间的差距，反过来可以提高之后专业学习的针对性。通过勤工助学，大学生不仅丰富了个人工作经历和社会阅历，而且学到了社会礼仪等方面的知识，增强了自身的人际沟通能力等综合素质，使自身的素质和能力越来越符合用人单位与专业岗位的要求。

4．勤工助学有助于增强大学生的职业责任感

勤工助学作为一种较规范的且有偿的社会实践活动，有明确的岗位职责。岗位的负责人会根据勤工助学学生的工作表现，进行指导和考核评价。大学生在进行勤工助学时，能够体验真实的工作环境，形成良好的时间观念和组织纪律观念，增强自身的职业道德意识和工作责任感，从而提升职业素质，为以后正式踏入社会打下基础。

劳动大讲堂

> 勤工助学也可以称作"勤工俭学"，但大学生切忌将勤工俭学变为勤工"减"学。不管是为了获得报酬、获取工作经验还是出于其他原因，大学生勤工助学都应在完成好学业的前提下进行，否则勤工助学非但不能助学，反而本末倒置，最终还有可能得不偿失。

👁 **案例阅读**　　　　"勤工助学之星"——程德伟

　　程德伟是浙江农业商贸职业学院旅游烹饪系2022级的一名学生，他荣获了浙江省本专科生2024学年"勤工助学之星"。

　　程德伟曾在中国人民解放军陆军服役两年，退伍后，为减轻家庭经济压力，他毅然申请学工部的勤工助学岗位。在学业与工作的双重挑战下，程德伟展现了卓越的时间管理和自我调适能力。他精心规划时间，确保学业不受影响，同时，在勤工助学岗位上，他一丝不苟，确保工作不出错误。他的努力得到了回报，连续两个学期，他的成绩排名班级第一，荣获校一等奖学金和浙江省政府奖学金，还考取了多类技能证书，赢得了师生的赞誉。

在勤工助学的岗位上，程德伟深刻体会到了责任与细心的分量。他学会了高效地整理资料、严谨地统计数据，更重要的是，他的人际沟通能力得到了极大提升。无论是向老师汇报工作，还是与同学交接任务，他都处理得游刃有余。

同时，程德伟还积极参加各类比赛，展现退役军人的风采和大学生才华。此外，他还热衷于志愿服务，无论是绍兴市马拉松的赛场，还是烈士陵园、养老院，都能看到他奉献爱心的身影。

点评： 程德伟的勤工助学等经历展现了一个新时代青年的责任与担当。大学生应该认识到勤工助学及其他社会实践对提高自身能力的意义，以程德伟为榜样，在青春的道路上奋勇前行。

• （课堂讨论） ◦◦◦

讨论主题：勤工助学有什么好处？

讨论内容：

（1）你有过勤工助学的经历吗？

（2）你觉得勤工助学的好处在哪里？

4.2.2 了解勤工助学

首先提出勤工俭学概念的是教育家李石曾。李石曾和好友齐竺山在巴黎郊区科隆布创办了法国第一家豆腐工厂，并从老家河北省高阳县招来几十名同乡青年，白天做工，晚上读书，试行"勤以做工，俭以求学"模式，这就是勤工俭学的由来。后来，李石曾援引豆腐公司的事例，与蔡元培等一起组织勤工俭学会，号召留学生用劳动收入来维持自己的生活和学业。

后来，为了帮助家庭较为困难的学生完成学业，学校和一些企业主动提供工作岗位，让学生在业余时间通过劳动赚取报酬。随着时间的推移，这种主动帮助学生的现象越来越多，因此勤工俭学也就成了勤工助学。

我们了解了勤工助学的好处后，还需要了解勤工助学的途径与方式、常见文书及注意事项等方面的知识。

1. 勤工助学的途径与方式

按照勤工助学的地点不同，大学生勤工助学的途径可分为校内勤工助学和校外勤工助学，两者开展勤工助学的方式也有所差异。

（1）校内勤工助学

校内勤工助学一般由学校设置校内勤工助学岗位，并发布招聘信息。大学生可以通过学校的勤工助学管理服务组织或辅导员了解校内勤工助学岗位及其职责。大学生校内勤工助学岗位主要有学生助理、图书管理、实验室或机房管理、宿舍协管等。

① 学生助理。学生助理是协助学校各部门行政老师处理日常事务的一种岗位，是常见的大学生校内勤工助学岗位。学生助理的岗位职责涵盖了管理、服务等多个方面的内容，不同的学生助理岗位，其岗位职责的侧重点有所不同。例如，协助教师进行教学工作的岗位，其主要职责包括准备教学资料、辅导学生学习、组织实验或实践活动等；协助教师进行科研工作的岗位，其主要职责包括文献查阅、实验操作、数据分析等；协助学校各部门进行管理工作的岗位，其主要职责包括学生档案管理、考勤统计、信息录入等；服务学生，为学生提供各种服务的岗位，其主要职责包括解答问题、提供学习指导、职业规划和心理咨询等。

② 图书管理。大学的图书馆通常会在馆内的每一层楼中设置图书管理岗，其岗位职责主要是配合管理员老师整理书籍和打扫卫生等。

③ 实验室或机房管理。大学通常有很多实验室和计算机机房等专业技术研究与学习场所，这些地方也会设置勤工助学岗。其主要的岗位职责是配合管理员做一些辅助性管理工作。

④ 宿舍协管。宿舍协管的主要职责是协助宿舍管理员管理宿舍日常事务。

（2）校外兼职工作

大学生可以通过学校的勤工助学管理服务组织、学生社团、相关企业招聘、他人介绍等途径获取校外兼职工作的信息，以实现勤工助学。

较为常见的大学生校外兼职工作是家教，家教工作对大学生的专业知识要求较高，从事家教工作既能对大学生所学知识进行加深巩固，又能提高大学生的语言表达能力和逻辑思维能力，还能培养大学生的责任心等。另外，大学生的校外兼职工作也可以是与自己专业相关的工作，如外国语专业的大学生可以去校外的翻译单位做兼职，设计专业的大学生可以去广告公司兼职设计海报等。大学生进行与专业紧密相关的兼职工作，不仅能让理论知识在实践中得到锻炼，而且能够培养职业精神、提高职业素养。

2．勤工助学涉及的常见文书

勤工助学有时可能会涉及申请、承诺、签订用工合同等环节，其中涉及的常见文书有勤工助学申请书、勤工助学承诺书及勤工助学协议（或合同）等。

（1）勤工助学申请书

勤工助学申请书是个人或集体向组织、机关、企事业单位或社会团体表述勤工助学愿望、提出勤工助学请求时使用的一种文书。不同的学校会要求学生按不同的方式进行勤工助学申请，一般来说，以填写勤工助学申请表或勤工助学申请书居多。无论使用哪种方式，我们在填写勤工助学申请表或勤工助学申请书时，都需要详细介绍自己的个人信息，介绍自己申请勤工助学的原因、目的，还可以表明自己的决心、说明自己的态度等。

◉ **案例阅读** **勤工助学申请书范文**

尊敬的领导：

您好！我叫张××，是我校计算机系2024级应用技术专业二班的学生。我来自××省××乡的一个普通农村家庭，村庄偏僻，交通不便，家里主要依靠父母微薄的收入来维持生活。在这种环境下，靠着家人对我的全力支持和期望，也靠着我坚持不懈的努力，我终于实现了大学梦，考入了这所我心仪的大学。

欣闻学校有勤工助学这个帮助家庭经济困难学生的岗位后，我第一时间找到勤工助学管理中心进行申请。由于家庭经济实在困难，我决定在不影响学习的情况下，依靠自己的能力解决自己的生活问题。对我来说，勤工助学一方面可以减轻家里的经济负担，另一方面可以使我树立自立自强的劳动观念。

对我而言，大学生早已不应该只学习单一的文化知识，而应该德、智、体、美、劳全面发展。我从小就能吃苦，不怕累，有很强的责任心，也有一定的组织和管理能力。因此，请相信我，对于任何一项工作，我都会全力以赴。希望领导能给我一次锻炼自我的机会，让我为家里减轻一些负担，同时也为学校发展贡献自己的微薄之力。

此致
敬礼！

申请人：张××
20××年××月××日

点评：此勤工助学申请书的格式比较规范，不仅表达了该生申请勤工助学的急迫心情，也表明了该生确实具备勤工助学的申请条件和能力，因此通过审核的可能性较高。

（2）勤工助学承诺书

有的学校为了保证勤工助学的质量，会要求得到了勤工助学岗位的学生单独进行劳动承诺，并写一份勤工助学承诺书，其中涉及的主要内容为学生对劳动态度、配合态度、学习态度等的承诺。

◉ **案例阅读** **勤工助学承诺书范文**

本人自愿接受××大学学生勤工助学管理中心提供的校内勤工助学岗位，并郑重承诺以下事项。

1. 积极认真对待工作，有责任心，若在工作中发现问题及时向基地岗位管理部或指导老师反映。

2. 熟悉所在岗位的工作内容、性质及要求，不迟到、不早退，在岗期间不擅离岗位，及时认真完成工作。

3. 若有特殊原因不能到岗，事先向岗位指导老师请假，做好工作协调安排；若需调班，事先向老师说明情况。

4. 拥有在校勤工助学岗位不超过一个（临时岗位除外）。

5. 熟悉所在岗位的工资考核办法及所在岗位的工作量，每月月末如实填写工资考核表，及时上交到负责人处，若有伪造工作时间的现象，自愿接受相应处罚。

6. 因违反勤工助学岗位工作纪律或操作要求而造成该岗位损失时，自愿承担责任。

7. 及时向岗位管理部上报有效银行卡号，若银行卡有遗失、变动等情况，及时告知岗位管理部。

8. 若想要进行岗位变动，提前两星期向岗位管理部提出相关申请。

9. 积极配合岗位管理部的岗位查访工作，如实反映学习、工作、生活情况，并按时参加基地岗位管理部召开的会议。

10. 做到学习为先、工作为辅，学习与工作兼顾。确保考试无挂科（若考试有两门及以上挂科，自愿退离该岗位）。

11. 若在工作过程中与他人发生矛盾或冲突，应寻求相关负责人或指导老师协商解决。

12. 在工作过程中，维护好个人合法权益，当个人合法权益受损时，及时通过相关责任人进行协调。

13. 接受岗位管理部的综合评定，若工作态度差，且不配合岗位管理部及岗位指导老师工作，则自觉配合退岗处理。

承诺人：张××

20××年××月××日

点评：该勤工助学承诺书简明扼要，从劳动态度、工作岗位、请假、考核等方面做了明确的承诺，既能够解除管理方的后顾之忧，也能督促学生更好地完成工作。

（3）勤工助学协议（或合同）

学生在开始勤工助学活动前应当与有关单位签订协议，保护自身的合法权益。具体可分为两种情况：一是校内勤工助学，学生应当与学校的勤工助学管理组织签订协议书，明确学校和学生的权利与义务、意外伤害事故的处理办法及争议解决方法；二是校外勤工助学，学生应当与学校的勤工助学管理组织及用人单位签订具有法律效力的三方协议书，协议书应当明确学校、用人单位和学生三方的权利与义务、意外伤害事故的处理办法及争议解决方法。相较于企业职工的劳动合同，勤工助学协议更加简洁明了。

◎ 案例阅读　　　　　　　　**勤工助学协议范文**

　　用工单位:＿＿＿＿＿＿＿＿＿＿＿＿＿＿＿(简称甲方)

　　学　　生:＿＿＿＿＿＿＿＿＿＿＿＿＿＿＿(简称乙方)

　　甲、乙双方就参加勤工助学活动签订如下协议,共同遵守。

　　第一条　乙方签订本协议前应仔细阅读本协议。

　　第二条　乙方因家庭经济困难,自愿参加勤工助学活动,但工作仅限于假期和课余时间,并保证不影响学习。

　　第三条　乙方应遵守有关法律、法规、校纪校规及勤工助学活动的规定,乙方违反《勤工助学实施细则》而引起的一切后果和责任由乙方自行承担。

　　第四条　乙方参加勤工助学活动应按照甲方的规定和要求进行,对劳动验收不合格或不按规定工作的,甲方和学校勤工助学管理中心(简称"中心")有权终止其劳动,提前解聘,并不支付劳动报酬。

　　第五条　乙方在参加勤工助学活动过程中,出于非工作原因损坏的劳动工具或公物,由乙方负责赔偿。

　　第六条　乙方与甲方之间在劳动过程中发生争议,应先请乙方所在学校和中心协调解决。

　　第七条　乙方在勤工助学过程中发生事故,由乙方所在学校、中心协助甲方处理。

　　第八条　甲方应为乙方参加勤工助学时的人身安全提供保障,不得损害或变相损害学生在劳动保护方面的合法权益。

　　第九条　乙方每月工作时间不低于33小时,不超过40小时。

　　第十条　视具体工作情况,乙方每月可获得最低为1200元,最高为1800元的报酬。

　　第十一条　协议执行期间因国家有关政策、法规变动及其他重大变化而需修改本协议时,双方本着坦诚的态度对相应条款做调整和补充。

　　第十二条　本协议自＿＿＿＿年＿＿＿＿月＿＿＿＿日起生效,至＿＿＿＿年＿＿＿＿月＿＿＿＿日终止,一式三份,甲乙双方各一份,中心一份。

　　甲方(盖章):＿＿＿＿＿＿＿　　　　　　　　乙方(签字):＿＿＿＿＿＿＿

　　负责人(签字):＿＿＿＿＿＿＿

　　＿＿＿年＿＿＿月＿＿＿日　　　　　　　　　　＿＿＿年＿＿＿月＿＿＿日

　　点评:该勤工助学协议比较简洁地规范了用人单位和学生的权利与义务,协议中还可以加入报酬的支付方式、支付时间,以及未按时支付或未支付时应当采取的各种措施等内容,以便让学生的权利得到更加有效的保护。

3.勤工助学的注意事项

　　对一些想在校外寻找合适的勤工助学机会的大学生而言,需要注意以下事项。

（1）虚假信息

社会上一些不规范的中介机构利用学生急于在假期时间勤工助学的心理，夸大事实，无中生有，往往以"紧急招聘"的幌子诱导学生交中介费。一旦中介费到手，要么将学生搁置一边不予理睬，要么将学生打发到有合作关系的单位，然后单位以各种理由将其辞退，使学生们花了中介费却没有找到合适的工作。对于这类情况，大学生在寻找勤工助学机会时不能急于求成，要沉下心来，不急于一时，有效地辨别虚假信息，避免上当受骗。

（2）预交押金

预交押金这类骗局经常在假期发生，不法分子通常在招聘广告上宣传类似文秘、打字、公关等比较轻松的岗位，声称求职者只需交一定的保证金即可上班。然而，收到押金后，这些不法分子就会宣称职位已满，佣金按"规定"不再退还。大学生在求职时一定要注意，需要预交押金，或要求学生将身份证、学生证作为抵押物的招聘企业，绝大部分都不是正规企业。

（3）不付报酬

一些学生被个人或流动服务的公司雇用，原本说好按月或按周支付报酬，但雇主往往不断地寻找借口搪塞学生，并假装保证一定会支付报酬，最后却消失得无影无踪，让学生没有得到应有的报酬。面对这种情况，大学生在上岗前应先与用人单位签订劳动合同或协议，在工作过程中如果察觉不对应及时用劳动合同或协议维护自己的合法权利。

• ◉ 课堂讨论 ◦◦◦

讨论主题：深入认识勤工助学。

讨论内容：

（1）如何根据自身需要选择勤工助学岗位？

（2）勤工助学涉及的常见文书各有何作用？

（3）在勤工助学中应如何保障自身安全？

实践活动——校内勤工助学

1. 活动目的

校内勤工助学是在校内兼职工作，具有一定的便利性，大学生积极开展校内勤工助学活动，既可以充实课余生活，体会劳动对创造美好生活的意义，又可以在实践中增长才干、磨炼意志、增强责任感，为日后真正走进社会打好基础。

2. 活动内容

在了解校内勤工助学岗位及其职责后，大学生应根据自身条件和情况，选择适合自己的，能够锻炼自己或发挥自己特长的校内勤工助学岗位。明确岗位选择后，大学生可以通过辅导员或学校的勤工助学管理服务组织申请勤工助学岗位，然后经过学院和相关部门协调后开展勤工助学活动。

此外，有的学校的勤工助学岗位有限，除了申请正式的勤工助学岗位，大学生也可以通过跟随体验的方式参与校内勤工助学实践活动，即跟随已在勤工助学岗位工作的学长、学姐或朋友、同学，协助他们进行日常工作或记录他们的工作内容等。

3．活动要求

大学生进行校内勤工助学实践活动，首先，要合理规划自己的时间，不能耽误自己的学业；其次，在校内勤工助学实践活动中遵守学校规章制度及岗位规定，按时到岗，认真完成工作任务；再次，如果学校相关部门就校内勤工助学岗位组织了岗位技能培训，需要认真对待，积极参与；最后，在校内勤工助学岗位工作一段时间后，应形成简单的实践报告，说明劳动内容、实践总结等，如表4-1所示。

表4-1　"校内勤工助学"实践活动报告（示例）

实践时间	2025年3月1日 ~ 2025年3月31日
实践岗位	××大学勤工助学服务中心办事员
实践方式	正式入职岗位亲身体验
劳动内容（可附照片）	（1）值班。每周有两天上午在勤工助学中心值班，个人出勤情况为满勤。值班时，热情接待每位来办公室咨询的同学，并根据他们的需求提供相应的解决方案。 （2）接听电话。老师不在时，接听电话并做详细、准确的信息记录，之后把相关信息及时反馈给老师。 （3）收发文件。协助老师同其他部门进行沟通，收发文件及进行文件的签字盖章，确保老师的日常工作能够更高效地完成。 ……
实践总结（实践心得体会）	（要点参考：如遇到的问题、挑战与解决方法；素质的提升；需要改进和进一步学习的地方）

思考练习

1．日常生活劳动可以带来哪些积极的影响？
2．如何养成良好的家庭劳动和宿舍劳动习惯？
3．勤工助学有哪些好处？勤工助学的途径和方式主要有哪些？
4．勤工助学的意义主要体现在哪些方面？
5．学生在校外参加勤工助学劳动时，需要注意哪些安全问题？

第5章
脚踏实地
——劳动与职业发展

【目标指引】

1. 深入认识职业，掌握职业素养的内容，梳理劳动与职业发展的关系。
2. 了解实训、实习的价值，做好实训实习的准备。
3. 提升职业素养，通过实训实习切实提高个人能力与综合素质。

案例导入

在无锡市华通气动制造有限公司，有这样一位劳动者，他以自己的实际行动诠释了职业的内涵与价值，他就是公司的制造部部长——王小春。

在王小春的眼中，"职业"二字有着不同寻常的意义，在他看来，职业不仅仅是谋生的工具，更是实现个人梦想、服务社会的舞台。作为制造部部长，他深知肩上责任重大，每一道工序、每一个零件的质量都直接关系到产品的最终性能和客户的信任。因此，他始终保持高度的职业意识和责任感，不断精进技艺，带领团队攻克了一个又一个技术难关，使得公司产品在市场上赢得了良好的口碑。

王小春的职业价值观体现在他对工作的热爱与执着上。他常说："工作无小事，每一件产品都承载着我们的匠心与汗水。"这种对职业的敬畏之心，让他在工作中始终保持着高度的专注和热情，不断追求卓越。同时，他也非常注重个人职业形象的塑造，无论是专业技能还是团队管理，他都力求做到最好，是同事们心中的楷模。

为了在职业生涯中获得更好的职业发展，王小春还利用业余时间学习管理知识、提升管理能力，并关注行业动态，为公司的未来发展出谋划策。在王小春的努力下，他和公司实现了双赢，他自己在岗位上持续发光发热，在实现自我价值的同时，也使公司保持了稳定的销售增长，进一步发展壮大。

王小春的经历，向我们展示了在广阔的人生舞台上，劳动与职业不仅是个人安身立命的基石，更是推动社会进步与发展的重要力量。大学生毕业后，都会从事某种具体职业，从而通过各种各样的劳动促进职业发展，开启新的人生篇章。如何科学、有效地探索职业世界，如何树立正确的职业意识和价值观，如何进行职业决策与适应职场，这是大学生取得良好职业发展必须重视的重要因素。

5.1　劳动与职业

职业是劳动的一种形式。劳动与职业发展相辅相成，劳动是职业发展的基础，而职业发展为劳动提供了方向和动力。大学生要增强自身的就业竞争力，获得良好的职业发展，需要在日常学习中培养职业意识，不断提高职业素养。

微课：劳动与职业

5.1.1　认识职业

从个人的角度讲，职业活动几乎贯穿人的一生。职业不仅是个人谋生的手段，更是个人存在意义和价值的证明。大学生应对职业建立较全面和具体的认知，这是大学生开展职业活动的起点，也是大学生职业生涯取得良好开端的前提。

1．职业的概念

职业是指个体在社会中为了获得生活来源并满足精神需求，所从事的具有相对稳定性和专门性的社会活动。简单来说，职业就是劳动者从事的服务于社会并作为劳动者主要生活来源的一种工作。职业由职业主体、职业客体、职业技术和职业报酬4个要素构成，这4个要素相互关联、相互作用，共同构成了职业的基本框架和内涵。

（1）职业主体

职业主体指从事一定社会分工的劳动者，他们是职业活动的核心。这些劳动者需要具备承担该职业活动所需的资格和能力。职业主体通过自身的努力和贡献，推动职业的发展和社会的进步。

（2）职业客体

职业客体指职业活动的对象、内容、场所和劳动方式等。它涵盖了职业活动所涉及的各个方面，如工作任务、工作环境、工作条件以及所使用的工具和设备等。职业客体是职业活动得以进行的基础和条件，也是衡量职业发展水平的重要标志之一。

（3）职业技术

职业技术指劳动者在从事职业活动中所运用的自然技术、社会技术和思维技术的总和。它体现了劳动者在职业活动中所具备的专业技能和知识水平，是完成职业任务、实现职业目标的重要基础。职业技术的不断发展和创新，是推动职业进步和产业升级的关键因素之一。

（4）职业报酬

职业报酬指通过职业活动所取得的各种报酬，包括经济报酬和非经济报酬。经济报酬主要包括工资、奖金、津贴等直接经济收益；非经济报酬则包括职业地位、社会声望、个人成就感等非经济层面的收益。职业报酬是激励劳动者积极投身职业活动的重要因素之一，也是衡量劳动者职业价值和社会贡献的重要标准之一。

2．职业的重要意义

美国著名心理学家马斯洛将人的需求进行分层概括，分为生理需求、安全需求、社交需求、尊重需求和自我实现需求，从而提出需求层次理论。而职业实质上就是满足个人需求的媒介。作为自我实现的重要途径，职业具有以下5个方面的重要意义。

自我实现需求	—— 实现自己的全部潜能和发展个性
尊重需求	—— 自尊、自重和受人尊重
社交需求	—— 得到家人、朋友、同事的认同，获得归属感
安全需求	—— 避免危险和保障自身安全
生理需求	—— 保障基本生存条件

马斯洛需求层次理论 ●

（1）提供生活保障

人们利用工作报酬换取个人生活所需的各种物品，如衣服、食物、住房等，从而满足个人维持生活的需要。

（2）建立安全感

稳定的工作在满足生活需要的同时，还能为人们提供医疗保险、失业保障和退休金等福利，减少个人在人身安全、疾病等方面的困扰与担忧。

（3）建立人际关系

职业也是人们建立社交网络和人际关系的重要途径。在工作中，人们需要与同事、上级、客户等不同人群进行交流和合作，这些交流和合作有助于建立稳定的人际关系网，为个人职业发展和生活带来便利和支持。

（4）获得尊重

每个人在工作和生活中都有获得尊重的需要，不管是受人尊重还是自尊，都可以通过做出让自己满意和社会认可的成绩来实现，工作便是实现这一需要的途径之一。

（5）实现自我价值，感悟人生意义

人们在全身心投入工作的同时，可以感受到快乐。在实现个人理想和发挥个人能力的过程中，能履行或达成自己的意愿，这便是自我实现。自我实现的动力源自内心，它促使人们努力开发自身潜能，使自己成为自己所期望的样子。只要用心去投入，个体在平凡的工作中也能创造出成绩。

3．职业的分类

了解职业分类有助于大学生更清晰地认识不同行业和职业的特点、要求和前景，从而根据自己的兴趣、能力和价值观选择更适合自己的职业方向。

（1）工作世界地图对职业的分类

大学生可以参考工作世界地图来了解各种职业。它将职业分为6种大的类型、12个职业组和26个具体的职业细分类别（如表5-1所示）。

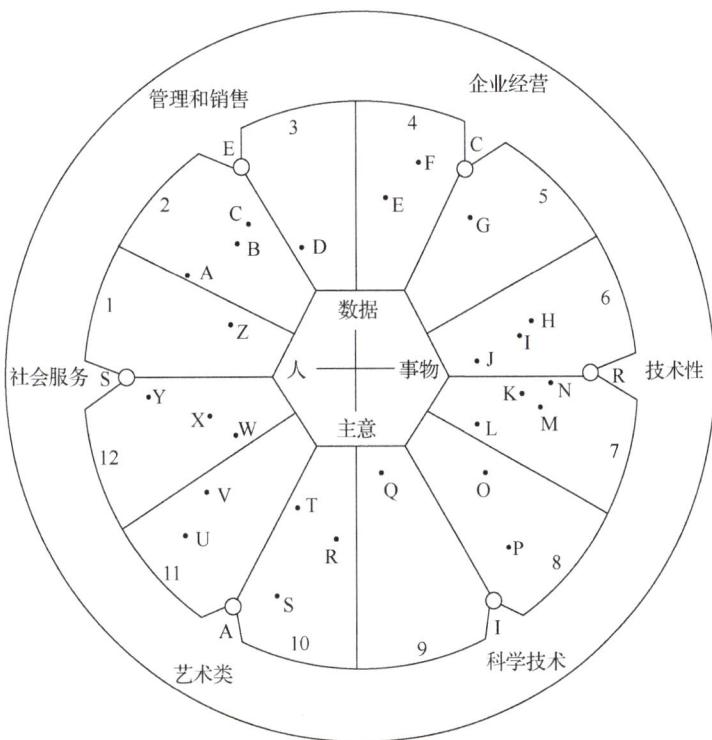

工作世界地图 ●

表5-1 工作世界地图26个职业类别对照表

A：与就业相关的服务	B：市场与销售	C：管理	D：监管和保卫
E：沟通和记录	F：金融交易	G：物流	H：运输及相关行业
I：农业、林业及相关行业	J：计算机信息专业人员	K：建筑和维护人员	L：手工艺人
M：制造加工	N：机械电器专业人员	O：工程技术	P：自然科学和技术
Q：医疗技术	R：医疗诊断和治疗	S：社会科学	T：实用艺术（视觉）
U：创造性和表演艺术	V：实用艺术（协作和口头）	W：卫生保健	X：教育
Y：社区服务	Z：私人服务		

工作世界地图包含"人—事物""数据—主意"两组维度和"人—数据""事物—数据""人—主意""事物—主意"4个象限（平面直角坐标系中的横轴和纵轴划分出4个区域，每一个区域叫作一个象限）。每个维度的具体含义如下。

①"人"维度。指人与人之间的互动，在工作过程中每个人都会和其他人有接触与沟通。

②"事物"维度。指在工作过程中处理与人无关的事物，处理时很少需要或者不需要与他人进行沟通。

③"数据"维度。指对文字、信息等资料进行搜集、整理，比较重视客观事实与理性思维分析。

④"主意"维度。指人们充分运用主观能动性在头脑中进行工作，如对真理进行探究等。

在工作世界地图中，与人有关的职业类型在左边，与事物有关的职业类型在右边，与数据有关的职业类型在上面，与主意有关的职业类型在下面。职业在工作世界地图上的不同位置，也是对这两组维度的体现，如Y（社区服务）处于"人—主意"象限中，说明该职业类型主要是与人打交道，且在工作过程中要用到分析与思考的能力；而H（运输及相关行业）处于"事物—数据"象限中，说明该职业类型强调秩序，与人交往较少，需要处理的事物较多。

（2）《中华人民共和国职业分类大典》对职业的分类

由人力资源和社会保障部会同国家市场监督管理总局、国家统计局发布的《中华人民共和国职业分类大典（2022年版）》也可作为大学生了解不同职业的依据，该分类大典是我国对职业进行科学分类的权威性文献。据统计，《中华人民共和国职业分类大典（2022年版）》将职业分为8个大类、79个中类、449个小类、1636个细类。职业大类的分类情况如下。

① 党的机关、国家机关、群众团体和社会组织、企事业单位负责人。在中国共产党机关，国家机关，民主党派和工商联，人民团体和群众团体、社会组织，基层群众自治组织及其工作机构，企业、事业单位中担任领导职务并具有决策、管理职权的人员。

② 专业技术人员。从事科学研究和专业技术工作的人员。

③ 办事人员和有关人员。在公共管理和社会组织机构中，从事行政业务、行政事务、行政执法和仲裁、安全保卫、消防和应急救援等工作的人员。

④ 社会生产服务和生活服务人员。从事商品批发零售、交通运输、仓储、住宿和餐饮等社会生产服务与生活服务工作的人员。

⑤ 农、林、牧、渔业生产及辅助人员。从事农、林、牧、渔业生产活动及辅助生产的人员。该

计算机软件工程技术人员 ●

工作中的采矿工人 ●

分类下首次标注了农业数字化技术员这一数字职业。

⑥ 生产制造及有关人员。从事产品生产及设备制造、矿产开采、工程施工和运输设备操作的人员及有关人员。该分类下首次标注了工业机器人系统运维员、工业视觉系统运维员、工业机器人系统操作员等数字职业。

⑦ 军队人员。这是一个独立的职业分类，具有特定的职责和使命。

⑧ 不便分类的其他从业人员。

4．探索职业世界的方法

找到合适的探索职业世界的方法，大学生就能更好地进行职业规划，并能顺利地开启职业生涯。

（1）职业库法

职业库法是一种通过构建和维护一个包含多种职业信息的数据库（即职业库），来辅助个人或组织进行职业选择、规划或分析的方法。使用职业库法为大学生探索职业世界是一种系统而全面的方法，有助于大学生更好地了解职业世界，为未来的职业规划打下基础。

① 建立职业库

大学生可以通过多种途径收集职业信息，如行业协会、招聘网站、人才市场等，关注新兴职业和热门职业的发展动态，确保职业库的时效性和前瞻性。随后将收集到的职业信息按照行业、职位类型、技能要求等维度进行分类整理，以便于后续查询和分析。接着大学生需要对每个职业进行详细的描述，包括工作内容、工作环境、薪资水平、发展前景、所需技能等，标注出不同职业之间的关联性和差异性，帮助大学生更好地进行比较和选择。

② 利用职业库进行探索

在利用建立的职业库探索职业时，大学生首先需要进行全面的自我评估，包括兴趣、性格、能力、价值观等方面，评估可使用霍兰德职业兴趣测试、MBTI性格测试等工具来辅助进行。根据自我评估的结果，大学生可以在职业库中寻找与自身兴趣、性格、能力相契合，且符合个人职业价值观的职业。接着，大学生应对匹配到的职业进行深入了解，包括阅读职业描述、查找相关案例、咨询行业专家等，了解该职业的工作内容、发展前景、所需技能及培训途径等关键信息。

认识自我评估
工具

③ 制定职业规划

完成自我评估后，大学生可以根据职业探索的结果，设定明确的职业目标，职业目标应具有可达成性、具体性和时限性，以便后续开展行动。接着，大学生应围绕确定的职业目标，制订详细的行动计划，内容可以包括提升技能、积累经验、拓展人脉等方面的具体步骤和时间安排等。在职业规划的实施过程中，大学生应保持对职业市场的关注，及时了解行业动态和市场需求，根据实际情况对职业规划进行动态调整，确保职业规划的时效性和有效性。

👁 案例阅读

张小鸥的职业库

张小鸥是一名职业院校电子商务专业的大二学生。面对纷繁复杂的职业世界，为尽早未雨绸缪，确定职业意向，他在学长的帮助下对自我与职业的匹配进行了探索。其中，性格探索的结果是他适合做人力资源管理者、教师、咨询师等；兴趣探索的结果是他适合做培训人员、教师等；能力探索的结果是他适合做教师、销售人员、客服人员等工作；价值观探索的结果是他适合做服务人员、护理人员、自由职业者等。在张小鸥的自我探索结果中，出现频率最高的是教师等与教育相关的工作，而且客服人员、服务人员、护理人员等都具有帮助他人的工作内容。所以，最适合张小鸥的职业首先应具有能与人打交道、帮助他人的特点，其次要具有沟通性、商业性等特点。

综上所述，张小鸥列出了一些符合这些特点的职业，比如培训师、客服人员、咨询顾问等。接下来，他根据自己对这些职业的了解，按实现的可能性进行了排序，下一步，他打算深入了解这些职业。

点评： 张小鸥对自己感兴趣的职业进行了梳理，并形成了自己的职业库，这为他进行职业选择提供了明确的思路与方向。大学生在校期间就可以在对职业分类有一定了解的基础上，结合自己的专业、特长、兴趣等，建立职业库，并一步步摸索，最终为确定职业方向打好基础。

（2）PLACE职业分析法

PLACE职业分析法是企业或职业评估机构对员工的职业信息进行评估的手段和方法。若大学生想具体、完整地获取某个职业的相关信息，也可以借助该方法。PLACE职业分析法的具体含义如下。

① P——职位（Position）

一个人在确定职业方向时，往往需要对具体方向所包含的职位进行评估。有些职位虽然属于同一个职业方向，但是所需要的专业技能和职业能力大不相同。就新闻媒体从业人员这一职业方向来说，它所包含的职业就有总编、主编、编导、记者、摄像和后期制作等。

② L——工作地点（Location）

工作地点指职业的工作环境、工作地理位置等。例如，采购人员需要经常出差，前往全国各地确认供应商的情况，工作地点的变化性较大；教师一般在学校工作，办公地点是教室和办公室，工作地点的变化性较小。

③ A——升迁状况（Advancement）

升迁状况包括职业的升迁路径与速度等。例如，会计从业人员的典型晋升路径是会计→总账会计→主管会计→财务部门负责人→财务经理→财务总监→副总经理，其升迁速度适中。升迁速度较快的一般是生产和销售从业人员。

④ C——雇用状况（Condition of employment）

雇用状况指员工被雇用时该职业对应的薪资福利、学习机会、工作时长和社会保障等条件。雇用状况受所在地经济发展水平的影响，同一职业在不同地区的雇用状况各不相同。

⑤ E——雇用条件（Entry requirement）

雇用条件指要获得该职业所需具备的诸如受教育程度、职业能力、工作经验、价值观等条件。如想要从事教育工作，大学生一般需要毕业于师范类学校，其次还需要考取教师资格证与普通话水平测试等级证书。

通过运用PLACE职业分析法，大学生可以掌握一个职业的各种信息，并结合自身条件进行对照，明确自己是否适合该职业。

（3）生涯人物访谈法

生涯人物访谈法是指大学生对自己感兴趣的职业的从业者进行访谈，从而更加深入地了解某个职业的详细信息的方法。为了避免访谈受主观因素的影响，大学生进行生涯人物访谈时，访谈人物的数量至少应是3人，因为不同的人对于同一个职业的认识、理解和关注点是不一样的，访谈的人越多，从中获得的信息就会越全面。

开展生涯人物访谈时，在征得对方同意后，大学生可以尝试提出以下访谈问题。

① 到该领域工作的基本前提是什么？

② 该职业需要什么样的人？

③ 从事该工作需要特别的知识、技能和经验吗？

④ 公司对刚进入该领域的员工一般会提供哪些培训？

⑤ 在该工作岗位上，每天都做些什么？

⑥ 什么样的个人品质或能力对在该工作中取得成功是重要的？

⑦ 你是如何看待该领域工作将来的变化趋势的？

⑧ 在该领域中，初级职位和略高级别的职位的薪水差距是多少？

⑨ 该工作的哪部分让你最满意？哪部分最有挑战性？

⑩ 对于一个即将进入该领域的人，你会提出怎样的特别建议？

• 课堂讨论 ◦◦◦◦◦◦◦◦◦◦◦◦◦◦◦◦◦◦◦◦◦◦◦◦◦◦◦◦◦◦◦◦◦◦◦◦◦

讨论主题：探索职业世界。

讨论内容：

（1）你知道哪些职业？这些职业的工作内容和岗位要求是什么？

（2）你最喜欢哪个职业，为此你需要付出哪些方面的努力？

5.1.2 职业素养

良好的职业素养是从业者取得职业发展的关键因素一。职业素养涵盖的内容十分丰富，它是指从业者在职业活动中展现出的综合品质。大学生可以注重从职业意识、职业道德和职业形象等多方面锻造锤炼自己的职业素养。

1. 职业意识

职业意识既包含人们对自己希望从事的职业的看法，又包含人们对自己正在从事的工作和任职角色的看法。大学生培养正确的职业意识对自己的职业发展有很好的促进作用。

（1）职业意识的内涵

职业意识是人们对社会上存在的职业的理解、评价和对自己将来从事的职业的选择偏好，以及在职业实践中情感、态度、意志和品质等的综合体现，它包括诚信意识、自律意识、学习意识、竞争意识和危机意识等多个方面的内容。

① 诚信意识

在职业领域，诚信被视为最宝贵的品质之一，大学生应当深刻认识到诚信对于个人职业生涯的长远影响。诚信意识不仅体现在学业上的诚实守信（如不作弊、不抄袭），也体现在在实习、工作中保持高度的职业操守，如遵守公司规章制度、保护商业秘密、不夸大工作成果等。诚信是建立职业信誉的基石，能够帮助大学生在职场中树立良好的口碑，赢得同事和上司的信任与尊重。

② 自律意识

自律关乎大学生能否有效地管理自己的时间、情绪和行为。在大学阶段，培养自律意识意味着大学生要学会自我约束，合理规划学习和生活，克服拖延症，保持高效的学习状态。自律还体现在对职业目标的坚定追求上，大学生需要明确自己的职业方向，并为之付出持续的努力。自律意识的提升有助于大学生在职业生涯中保持稳定的进步和发展。

③ 学习意识

具备学习意识是大学生快速适应职场环境的关键之一。在知识爆炸的时代，持续学习成为个人职业发展的重要途径，大学生应当具备强烈的学习意愿和学习能力，不仅要学好专业知识，还要关注行业动态、新技术、新观念等，不断拓展自己的知识边界。学习意识还体现在对问题的敏锐洞察和独立思考上，大学生需要学会分析问题、解决问题，培养批判性思维和创新能力，以便在未来的职业生涯中更具竞争力。

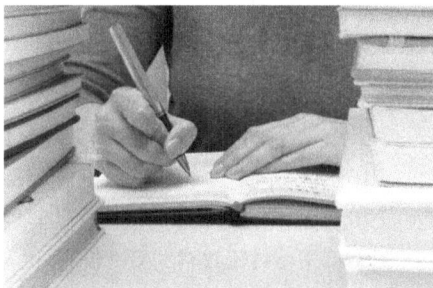

持续学习才能不断进步 ●

④ 竞争意识

竞争意识是推动个人不断进步的动力源泉。在职场良性竞争中，大学生需要保持积极向上的心态，勇于挑战自我。竞争意识不仅体现在对职业机会的积极争取上，还体现在对工作绩效的不断提升上。大学生要学会在竞争中寻找差距、弥补不足，同时也要学会尊重对手、合作共赢。通过竞争，大学生可以激发潜能、提升能力，为未来的职业生涯奠定坚实的基础。

⑤ 危机意识

危机意识能够帮助大学生在职业生涯中保持警觉和应对挑战。在职场中大学生需要具备预见潜在风险和挑战的能力，并制定有效的应对策略。危机意识要求大学生关注行业动态、政策变化等可能影响职业发展的因素，及时调整自己的职业规划和发展路径。同时，大学生还需要培养应对突发事件的能力，如失业、职业转型等，保持积极乐观的心态和坚定的信念。

（2）职业意识的发展阶段

职业意识是伴随着一个人个性的成长而发展的，会经历一个漫长的发展过程。职业意识的发展大致可以划分为3个阶段。

① 建立职业理想和选定职业目标阶段

建立职业理想、选定职业目标和树立人生理想是同步进行的。个体在孩童时期，就会产生各种奇妙的想法，有的想法甚至会影响个体的一生。然而，这一时期的各种想法有的是脱离实际的。随着年龄的增长，每个人在事物认知水平上、判断能力上有了飞跃的发展，理想变得越发现实，加上受社会环境、家庭环境以及个人经历等因素的影响，就形成了青年学生的前期职业意识。这就是职业意识形成的第一个阶段。虽然大多数人的职业意识在这一阶段还没有完全定型，还会因受某些因素的影响而有所调整。但它已经能对每个人的学习、社会实践及各方面的知识和能力的培养发挥重要的指导作用。

② 为了实现理想而努力的实践阶段

为了实现理想而努力的实践阶段是职业意识发展的关键时期，它直接决定一个人是否能胜任自己所追求的职业，并找到理想的工作。大学生可以将这一阶段看作自我完善的阶段。在这一阶段，大学生一方面需要加强对专业知识的学习，锻炼工作所要求的业务能力；另一方面还要了解自己所学专业与社会需要的情况，增强适应社会的综合能力。

③ 达成职业理想或实现结果阶段

达成职业理想或实现结果阶段其实是经历前两个阶段后的自然结果，也是求职过程的最后冲刺。在这一阶段，大学生首先需要广泛收集就业信息，其次需要掌握求职技巧并尽快适应自己追求已久的工作。

👁 **案例阅读** **孙伟的职业意识成长之路**

孙伟是一名即将毕业的大学生，自入学以来便对职业规划充满热情与探索精神。在大学四年里，他通过不懈努力，逐步培养起了全面而深刻的职业意识，为自己的职业生涯奠定了坚实的基础。

大一时，孙伟像许多新生一样，对未来的职业十分迷茫。在一次职业规划讲座中，他首次接触到了"职业意识"这一概念，被其深刻内涵所吸引。他开始意识到，诚信、自律、学习、竞争与危机意识不仅是个人品质的体现，也是职场成功的关键。这次讲座如同一盏明灯，照亮了他前行的道路。

大二至大三，孙伟将职业意识的培养融入日常学习与生活中。他制订了严格的学习计划，坚持早睡早起，克服拖延症，确保高效完成学业任务。同时，他积极参加各类学术竞赛和社团活动，不断拓宽知识边界，提升综合素质。在实习期间，他更是将诚信放在首位，严格遵守公司的规章制度，对工作一丝不苟，赢得了公司员工和领导的一致好评。

进入大四，孙伟开始积极准备求职。他深知在职场竞争中，不仅要勇于挑战自我，还要学会尊重对手、合作共赢。他参加了多场校园招聘会，与众多优秀毕业生同台竞技，不断积累经验，提升求职技巧。最终，凭借扎实的专业功底和良好的职业素养，他成功获得了一家知名企业的青睐，得到了梦寐以求的岗位。

入职后，孙伟并未停下脚步，他始终保持对行业动态和政策变化的关注，及时调整自己的职业规划和发展路径。面对职场中的挑战与不确定性，他展现出强烈的危机意识，提前做好准备，确保自己能够稳健前行。

点评：孙伟通过参加讲座、制订计划、积极参与实践，不仅培养了全面的职业意识，更在实践中不断锤炼自我，展现了诚信、自律、学习、竞争与危机意识在职场中的重要性。孙伟的经历告诉我们，职业规划并非一蹴而就的，而是需要持续地学习、实践和反思，我们只有不断提升自我，紧跟时代步伐，才能在职场竞争中立于不败之地。

2．职业道德

职业道德既反映了职业分工的内在规范要求，又体现了劳动者的服务精神。现代社会，企业对人才的需求与日俱增，企业不仅看重大学生的学历，还看重大学生的动手能力、学习能力、思想品德等各方面的综合素质。要想提高职场竞争力，除了树立正确的职业意识，大学生还需要培养优秀的职业道德。

（1）职业道德的内涵

职业道德主要是指各行各业的劳动者在职业活动中应该遵循的行为准则。它是判断劳动者劳动行为优劣的标准，是劳动者获得成功的保障，也是社会发展的客观要求。

职业道德从根本上看，就是一种劳动规则。人类社会自从有了劳动分工，人类在劳动过程中就逐渐形成各种需要共同遵守的规则。例如，原始社会的成年男性在分工狩猎时，有的负责驱赶动物，有的负责猎杀动物。他们在分工合作时必须遵守一定的规则，这样才能提高狩猎成功的概率。有了劳动分工，劳动就不再是一种简单的自发行为，而是以分工和协作为基础的社交行为，此时就需要有专门的管理机构来制订管理规则并监督劳动实施。这种在劳动中形成并被概括和制订出来的共同规则，虽然还谈不上职业道德，但也是较早的社会道德。社会道德在社会分工不断发展的过程中不断完善。职业道德逐渐从社会道德中分离出来，专门用来规范和管理劳动者从事职业活动的行为。所以说，职业道德本质上是一种劳动规则。

（2）职业道德的主要内容

职业道德多种多样，但总体来看，在社会主义社会的劳动大环境中，职业道德主要包含爱岗敬业、诚实守信、办事公道、服务群众、奉献社会等内容。

① 爱岗敬业。爱岗就是热爱自己的工作岗位，热爱本职工作；敬业就是要用恭敬、严肃的态度对待自己的工作。这是社会主义职业道德对劳动者的基本要求。

② 诚实守信。诚实要求劳动者表里如一，说老实话，办老实事，做老实人；守信要求劳动者信守诺言，讲信誉，重信用，履行自己应尽的义务。这是做人做事的基本准则。

③ 办事公道。办事公道要求劳动者无论对人对事都要做到公平和公正。

④ 服务群众。服务群众是社会主义职业道德的核心。服务群众就是为人民群众服务，它要求社会全体劳动者通过互相服务，来促进社会发展、提高人民的生活水平。

⑤ 奉献社会。奉献社会体现在爱岗敬业、诚实守信、办事公道和服务群众的各种要求中，它要求劳动者积极自觉地为社会作贡献。

👁 **案例阅读**　　　　　**责任铸就信任，关爱温暖人心**

邱月晟是河北省平泉市中医院血液透析室的护士长，是一位以诚信为基石，以关爱为桥梁的优秀护理工作者。

邱月晟在工作中，始终将患者的需求放在首位。面对在透析时身体不适的患者，她不仅及时提供专业帮助，还亲自为患者按摩抽筋的脚，用实际行动诠释了"诚信使人正直，关爱使人快乐"的信念。她的爱心、耐心和诚心，使她成为了被患者信赖的人。

在护理过程中，邱月晟善于观察，能够及时发现患者的异常情况。一次，她发现一位患者表情痛苦，心前区不适，立即上前观察并询问，同时通知医生。凭借丰富的临床护理经验，她判断患者可能是焦虑引起的不适，于是耐心地为患者讲解透析的注意事项，科普中医治疗失眠的小妙招，并现场为患者进行穴位按摩，有效缓解了患者的不适症状和焦虑情绪。这种认真负责、诚心诚意的工作态度，以及专业细致的优质服务，赢得了患者的高度认可。

作为护士长，邱月晟不仅在工作中表现出色，还积极学习，善于思考，对每天的工作情况进行总结及反思，从中发现规律，总结经验。在与同事相处时，她以与人为善的态度对待每一个人，坚持互相支持、互相信任、互相尊重、互相配合的原则，为同事办实事、做好事、解难事。她的真诚赢得了同事们的高度信任，她与同事之间的合作总是十分默契和愉快。

邱月晟表示："既然选择了这个行业，我就会尽心尽力地做好每件事。"这份朴实而执着的追求，让她在平凡的岗位上绽放出了不平凡的光芒。

点评：邱月晟在工作中，将患者的需求放在首位，坚持以爱心、耐心和诚心让患者得到贴心的服务、感受到温暖。她与同事真诚相处，为同事办实事、做好事、解难事，在工作中表现出色。这些都体现了她作为一名护士长的良好职业道德。大学生需要明白，从事任何职业，都必须遵守职业道德，这是我们确保高质量、高效率完成工作任务的条件之一，也是我们职业生涯成功的条件之一。

（3）培养职业道德

培养职业道德，除了依靠社会、集体和教育，更重要的是依靠我们的主观自觉，而这也是培养优秀职业道德的关键因素。大学生可以从以下5个方面来培养职业道德。

① 在日常生活中培养。培养职业道德更多地依赖于自觉和个人的生活习惯。大学生应该在日常生活中有意识地培养良好的职业道德习惯，久而久之，习惯就会成为一种自然、自觉的行为。

② 在专业学习中训练。大学生可以通过实习和实训等机会，学习专业技能，熟悉行业，以行业优秀前辈为榜样从而逐渐培养职业道德。

③ 在社会实践中体验。丰富的社会实践是指导人们成才的基础，是实现知行统一的主要途径。职业道德的养成离不开社会实践，大学生可以通过参加社会实践来培养职业情感，从职业情感中发展出良好的职业道德。

④ 在自我修养中提高。自我修养是指个人在日常的学习、生活和实践中，按照职业道德的基本原则和规范，有目的地进行自我锻炼、改造和提高。大学生要严于解剖自己、善于认识自己、客观地看待自己、勇于正视自己的缺点，同时还要敢于自我批评、自我检讨，改进自己的缺点，扬长避短，在实践中不断完善自己的职业道德。

⑤ 在职业活动中强化。大学生开始步入社会并进入某个岗位后，就应该把学到的道德知识变为个人内心坚定的职业道德信念，然后把职业道德信念再次转变成个人自觉的职业道德行为，指导自己的职业实践活动，不断强化和提升自己的职业道德。

3．职业形象

好的职业形象会帮助大学生赢得更多的机会，但应注意，好的职业形象不能简单理解为把自己打扮得美丽和时髦，而是要做到服饰、气质、言谈举止与职业、场合、身份相吻合。大学生树立良好的职场形象可以从仪容、仪表、仪态这3个方面入手。

（1）职场人员仪容要求

仪容通常指的是人的外观、外貌，重点在于人的容貌。这不仅仅包括五官的长相，还涵盖了头发、面部、手部等所有未被服饰遮掩的肌肤部位。在人际交往中，仪容是给他人的第一印象，因此它对于个人形象的塑造至关重要。大学生一定要注意仪容，如保持头发的清洁，选择适合自己的发型，注意面部、手部的清洁与保养等。

（2）打造得体、自信的仪表

仪表指人外表的综合表现，这里着重指的是穿着，它是一个人修养和气质的直接体现，能反映一个人的精神状态和礼仪素养。大学生进入职场后，仪表的得体与否直接关系到其职业形象和专业素养的展现。

在正式工作场合，建议大学生穿着职业装，如西装、套装等，以展现自己的专业和严谨。颜色上，应选择深色系，同时要注意服装的合身性，避免过大或过小，影响整体形象。大学生无论选择何种服装，都应保持服装整洁干净，无褶皱、破损和异味。另外，领带、丝巾、袖扣等配饰的选择要与整体着装相协调，避免过于花哨或突兀。

（3）培养良好的仪态

仪态指一个人在行为举止中展现出的姿态、风度与气质，它不仅关乎一个人外在的形体表现，更深刻地反映了其内在的品质、修养和自信。在职场中，良好的仪态对于塑造专业形象、提升个人魅力及促进有效沟通都至关重要。首先，大学生应该始终保持坐姿端庄、站姿挺拔、行走稳健。其次，大学生与人相处应保持自信，交谈时，面部表情应自然，可有适当的目光接触，展现出对交谈对象的关注和尊重。最后，大学生遇到问题和挑战时，应该保持冷静和从容，不急不躁，展现出良好的心理素质和应变能力。

• 课堂讨论 ◦◦◦◦◦◦◦◦◦◦◦◦◦◦◦◦◦◦◦◦◦◦◦◦◦◦◦◦◦◦◦◦◦◦

讨论主题：如何提高职业素养？

讨论内容：

（1）你觉得应该如何增强职业意识？

（2）你觉得应该如何培养良好的职业道德？

（3）你觉得提升个人职业形象可以从哪些方面入手？

5.1.3　职场适应

快速融入团队、适应职场生活是职场人的基本能力。大学生离开校园，进入工作岗位，身份就从学生过渡成职场人。从这个时候起，大学生就应当开始适应职场、融入职场，使自己的职业发展更加顺利。

1．融入职业角色

大学生要想更好地完成职业角色的转变，获得同事的认同和领导的肯定，应当注意以下几个方面。

（1）重视岗前培训

岗前培训对于刚刚进入职业角色的大学生而言是非常重要的，其作用不仅是帮助大学生了解用人单位的基本情况，熟悉用人单位的规章制度和工作流程，更重要的是通过岗前培训来增强大学生的团队意识和奉献精神。大学生一定要以认真的态度把握好这样一次表现自己和提升自己的机会。

（2）学习业务知识

大学生进入职场后，为了适应不同的工作需求，需要不断地学习，及时补充业务知识。一般来说，大学生初到工作岗位，自身掌握的专业知识有限，知识结构并不一定合理，工作起来难免有些吃力。因此，大学生应根据工作性质和内容，虚心向有经验的技术人员、同事或领导学习，不断丰富自己的专业知识，提高自己的专业技能。

（3）强化责任意识

大学生在工作之初，不管工作内容是什么，都要以满腔的热情、高度的事业心和责任感认真对待，不要片面地认为自己被大材小用，轻视简单的工作内容，甚至闹情绪，这些都是缺乏责任意识的表现。

（4）增强团队意识

大学生步入职场后，需要主动锻炼并增强团队意识，把自己的前途与团队的命运联系在一起，愿意为团队的利益与目标尽心尽力，在处理个人利益与团队利益的关系时，应以团队利益为先。

（5）养成实事求是的工作作风

大学生在工作中如果出现错误，应该认真地分析出错的原因，总结经验、吸取教训，找准失误点。同时，大学生要敢于向领导和同事承认错误，进行自我批评，并勇于承担责任。

团队合作 ●

2. 提高职场情商

初入职场的大学生有可能由于缺乏职场情商，导致在工作中犯错误、碰钉子。要想避免这些现象的出现，大学生就应当注意如何提高职场情商，以下是一些参考建议。

（1）不怕吃亏

职场是一个利益共同体，大学生初入职场，要不怕吃亏。所谓"吃亏是福"，有时自己的利益受到一点损害但保全了团队的利益，反而能够使自己赢得别人的尊重，而这些尊重往往是不能以金钱来衡量的。

（2）谦虚做事

在职场中，很多工作都需要他人的协助和支持才能完成，或需要由一个团队共同完成。大学生作为团队的一员应当谦虚做事，多听取同事的建议和意见，这对自己的职业成长很有帮助。

（3）善于沟通与倾听

大学生进入职场后要善于沟通与倾听，良好的沟通技巧能够促进与同事、领导及客户的顺畅交流，解决工作中的误会与冲突，进而提高工作效率和职业竞争力。倾听是建立良好人际关系的关键，善于倾听，可以更好地理解他人的需求与意见，并展现尊重与同理心，从而更有效地解决问题，更好地融入职场。

（4）控制情绪

大学生进入职场后，懂得控制情绪至关重要。一方面，职场环境复杂多变，良好的情绪管理有助于保持专业形象，促进与同事和上级的有效沟通。另一方面，面对工作压力和挑战时，稳定的情绪状态能提高工作效率，减少冲突，促进个人职业成长。

（5）赞美他人

学会赞美他人能够营造积极向上的工作氛围，增强团队协作，提升个人社交能力。真诚的赞美不仅能让他人感受到被认可和尊重，还能促进良好人际关系的建立，为职业生涯的长远发展奠定基础。

　　赞美他人并不等于溜须拍马，关键在于真诚与适度。真诚的赞美是基于对他人优点、成就或努力的认可与欣赏，它体现了对他人的尊重与正面评价。而溜须拍马则往往过分夸张、不切实际，甚至带有功利目的，试图通过虚伪的言辞来讨好他人，以求得个人私利。因此，赞美他人时应注重真实感受的表达，避免空洞无物的言辞，这样才能建立健康、积极的人际关系。

● **课堂讨论** ○○○○○○○○○○○○○○○○○○○○○○○○○○○○○

讨论主题：如何适应职场？

讨论内容：

　　（1）大学生如何完成从学生到职场人的角色转变？

　　（2）你认为什么是职场情商？如何提高职场情商？

5.2　实训与实习

　　实训和实习都是大学生进行劳动实践，提升劳动技能的重要途径。大学生的实训与实习经历也会对其职业选择和职业发展产生一定的影响。

微课：实训与实习

5.2.1　实训

　　实训是职业技能实际训练的简称，是指学校按照人才培养规律与目标，对学生进行职业技术应用能力训练的教学过程。学校在校园内装配机床，并根据企业对人才的需求，自主研发针对大学生的课程，引入拥有企业从业背景和丰富实践经验的实训教师，运用目前企业的真实项目实施案例教学，这就是实训。

　　实训强调锻炼大学生的劳动技能和岗位技能，最终目的是全面提高大学生的职业素质。为切实提高劳动技能和岗位技能，大学生在实训中应做到以下 5 点。

1．从心理上营造真实的职业氛围

　　学校在安排、布置专业实训场所时，会尽量模拟真实的职业环境，在设备、工具的选择上，也会尽可能地贴近真实的工作场景。对此，大学生需要从心理上营造真实的职业氛围，以认真的职业态度对待专业实训内容，达到专业实训的作用。

2．培养创新实训思维

　　大学生在专业实训中不能过多地倚重动作技能的训练，应把技术创新思维训练与技能学习结合起来；把职业技能训练与职业技能应用结合起来，在完成工作任务和解决工作难题的过程中，获取分析和解决问题的职业能力及交流与合作的能力。这有利于放大专业实训的效果，促进大学生手脑并用、均衡发展。

家具模型制作实训 ●

3．遵守应用规范

在专业实训中，大学生应该按行业规范进行操作。例如，多层民宅的通道照明线路、抢答器的线路、机床控制箱某一部位的线路设计或调试等，都应该按不同的行业应用和相应的规范进行操作。这样有利于大学生在毕业后尽快达到岗位要求。

4．加强技能训练

专业实训注重的是实践操作，强调发现问题、解决问题的能力。因此，大学生应该加强技能训练，练好基本功，达到独立操作和熟练运用工作技能的水平。这样有利于大学生在应对各种问题时更加得心应手。

5．增强职业认同感

职业认同感是人们努力做好本职工作的心理基础，指人们对从事的职业活动的性质、内容、社会价值和其对个人意义的认可。在专业实训中，大学生应尽可能地增强职业认同感，这不仅有助于大学生树立正确的劳动价值观，还可以避免在岗位中出现职业倦怠心理，为实现自己的职业规划提供心理保障。

● 课堂讨论 ∙∙

讨论主题：实训是否重要？

讨论内容：

（1）实训与实习的差别在哪里？

（2）你觉得在实训中应该怎样做才能更有效地提升自己？

（3）你认为实训能够提高职业认同感吗？

5.2.2　实习

实习就是未毕业的大学生到企业从事具体岗位，相对独立地参与实际工作的活动。大学生可听从学校安排到与学校合作的企业参加实习，也可以自主选择企业参加实习。

1．明确实习的价值

实习是一个十分重要的过渡和锻炼机会，不仅能巩固大学生在学校中学到的知识，还能为大学生未来的就业和职业发展做好铺垫、提供参考。为了达到好的实习效果，大学生需要明确实习的价值。

（1）通过实践发现自身不足

实习能够让大学生把在课本上学到的知识运用到实际中，在实习过程中发现自己的问题，再反过来补充和巩固所学知识。这就好比学数学，原理记得再牢固，公式背得再熟练，不勤于做练习题的话，依然无法熟练解题。

（2）加深对职业的了解，为自身角色的转变做准备

通过实习，大学生可以了解自己选择的职业发展方向是否符合自身各方面的素质；也能够深入了解某一行业或企业的文化氛围，能够知晓自身与该行业或企业用人要求之间的差距；还可以明白自己是否真正喜爱这个职业，逐渐明确未来职业规划，分析自己想要的、需要付出的和已具有的东西，从而开始调整自身为人处世的方式，开始尝试从学生向职场人的角色转变。这有助于大学生思考当下职业规划的合理性，在未来的就业中做出更加科学理性的选择。

（3）增加就业竞争优势

不同企业在招聘时侧重点都有所不同，有的重视学历，有的重视专业等。但几乎所有企业都特别重视的一点是，应聘者是否具有所应聘职位的相关工作经验。因而，拥有实习经历的大学生更容易受到企业的青睐。因此，实习经历将成为大学生在未来应聘工作时的优势，会增加成功就业的筹码。

2．实习前的心理准备

在和竞争对手条件相当的情况下，心理准备充足、心理素质强的人往往会取得成功。

（1）正确地评价自己

实习往往是为就业做准备的。因此在参与实习前，大学生应结合个人的兴趣、性格、价值观和能力等有针对性地选择实习岗位。在这一过程中，正确地评价自己十分重要，它能帮助大学生了解自身的特点，缩小职业选择范围并确定未来可行的职业发展方向。需要注意的是，能够选择与个人未来职业发展方向相近的岗位进行实习固然重要，但大学生也不要过于执着。在实习岗位上积累经验，发现自己的不足并加以弥补，为将来的就业奠定基础才是值得大学生重视的。

（2）对自己充满信心

许多大学生在实习前会产生畏惧心理，觉得自己从未接触过职场，什么都不懂，生怕自己出差错。其实，在职场上出点儿小差错是在所难免的。大学生在遇到困难时，不要想着退缩，要树立信心去克服困难；犯错误后，要总结经验，吸取教训，争取不在同一个地方摔倒两次。大学生要相信自己已经掌握了丰富的基础理论知识，只要踏实、努力，就能胜任实习工作。

（3）做好角色转变的准备

参加实习后，很多大学生会因不适应高强度、快节奏的职场生活而产生逃避、悲观甚至放弃的消极念头。因此大学生在校园里应该主动培养独立自主、吃苦耐劳的精神，形成遇到困难不逃避、不依赖，勇于面对挫折的独立人格，为之后能够快速融入职场生活做好积极准备。

3．制订实习计划

无论做什么事情，都需要未雨绸缪，都要有明确的计划与目标。在实习时，计划就是大学生行动的标尺和灯塔。无论是听从学校的安排，还是自己寻找实习机会，当大学生确定了实习的单位和岗位后，就应着手制订实习计划，其中实习目标是实习计划的重要内容，它表明了大学生希望通过实习达成的目的，如在实习中积累了什么样的经验，培养了什么样的技能等，其他内容一般包括实习单位、实习岗位、实习时间、实习分析、实习内容等。需要注意的是，大学生不能盲目制订计划，须从实际出发，结合自身条件制订计划。

◎ 案例阅读　　　　　　　　　**实习计划范文**

一、实习单位

××幼儿园

二、实习岗位

中一班配班教师

三、实习时间

2025年9月10日至2025年10月31日

四、实习分析

1．个人情况分析：有4年学前教育专业的学习生活，掌握一定的教育教学理论知识和幼儿教育教学基本技能；热爱学前教育，擅长唱歌、跳舞和手工绘画。

2．班级幼儿情况分析：中一班的幼儿总数为29人，女孩12人，男孩17人。幼儿大多性格开朗、活泼、能主动与人交往，也愿意用各种方式表达自己的情感。他们精力充沛，喜欢参加赛跑等户外游戏，大部分幼儿身体动作较协调、灵活。他们好奇心强，乐于表现。在活动中，孩子们常常兴趣浓厚、发言踊跃。中班是幼儿三年学前教育中承上启下的阶段，也是幼儿身心发展的重要时期。孩子们的学习、生活习惯基本上就是从中班养成的，这是影响孩子一生的一个新的起点，所以希望家长多与班级教师配合对孩子进行正确的引导。

五、实习内容

1．进行幼儿园常规教学。

2．组织幼儿园综合教育活动及幼儿游戏活动。

3．进行家长联系工作并与家长进行良好的沟通。

4．完成指导教师布置的全部教学活动。

六、实习目标

1．熟悉幼儿教师的全部工作，熟悉幼儿教师工作的性质和职责。

2．熟悉幼儿特点，树立科学的幼教观。

3．能够独立带班，根据幼儿园的要求全面开展教育教学工作，理论联系实际，将所学到的知识技能灵活运用于工作实际。

4．能独立、科学地组织各项教育教学活动，具备一定的观察、组织、指导能力，以适应今后从事幼教工作的需要。

点评：该实习计划通过明确实习单位、岗位和时间，进行个人和班级情况分析，以及列明实习内容、实习目标等，有助于实习生了解幼儿教师的工作，为其提升实践能力、观察能力、组织能力和指导能力提供指导。这份较为详尽的实习计划展现了实习生对实习的认真态度和对未来职业的明确规划，对大学生制订实习计划具有借鉴价值。

4．端正实习态度

为达成实习目标，大学生要端正实习态度，一旦正式进入实习阶段，大学生就要保证以良好的状态投入其中。

（1）积极劳作

大学生应不怕脏不怕累，调整好心态，树立正确的劳动价值观，敢于挑战自我，积极主动地参与实习劳作。

（2）勇于尝试

面对全新的环境、全新的机器设备、全新的操作技能时，大学生不要不敢尝试，更不能只是站在一旁观看。实习讲究的是在实践中学习，大学生如果不参与实践，就无法真正掌握实习所需要的技能。实际上，在指导人员的陪同下，大学生只要严格遵守操作流程和相关规定，就可以完成实习要求的劳动任务。

• **课堂讨论** ·

讨论主题：我们应该如何参与到实习当中？

讨论内容：

（1）你认为实习对于大学生有什么作用？

（2）你对实习抱有什么样的态度？

（3）你认为实习过程中有哪些安全问题需要注意？

实践活动——争当实习榜样

1．活动目的

大学生进行实习活动是一个不断学习、实践和成长的过程。通过认真参与每个阶段的实习活动，大学生能够提高自己的专业能力和综合素质，为未来的职业发展打下坚实的基础。

2．活动内容

大学生参加实习活动时，可以通过学校推荐或统一安排、自行联系或参加招聘会等方式确定合适的实习单位。确定实习单位后，大学生应与实习单位签订实习协议，明确双方的权利和义务，包括实习时间、工作内容、实习待遇、安全保障等方面。并准备好实习所需物品，如学生证、身份证等证件，工作服、工作鞋等劳动保护用品，以及携带笔记本、笔等学习用品，以便记录实习过程中的重要信息。

大学生开展实习实践，大体分为实习初期的适应阶段和实习中后期的深入实践阶段。

（1）实习初期的适应阶段。到达实习单位后，大学生会参加单位组织的入职培训，了解单位的基本情况、组织架构、企业文化等，学习单位的规章制度、安全操作规程和工作流程；根据实习单位的安排，被分配到具体的实习岗位后，大学生会与岗位负责人和员工见面，熟悉工作环境和工作团队、工作内容和工作要求，学习相关的设备操作方法和工作技巧；积极与员工交流沟通，建立良好的工作关系，并参与团队活动，融入团队氛围，提高团队协作能力。

（2）实习中后期的深入实践阶段。在掌握一定的工作技能后，大学生会开始独立承担一些简单的工作任务，按照工作流程和标准，认真完成工作，保证工作质量；在工作中遇到问题时，大学生应及时向导师或员工请教，寻求解决方案，并总结经验，提高解决问题的能力；有机会参与单位的实际项目时，大学生应在项目中发挥自己的专业知识和技能，并与团队成员密切合作，共同完成项目任务，提高项目管理和团队协作能力；大学生应利用业余时间，学习与实习岗位相关的业务知识，拓宽自己的知识面，为今后的职业发展做好准备。

3. 活动要求

大学生在实习中应严格要求自己，做好以下事项。

（1）遵守实习单位的规章制度。严格遵守实习单位的规章制度，如不迟到、早退。正确使用和操作设备，确保工作的安全等。

（2）认真完成实习任务。明确实习期间的工作任务和目标，积极主动地承担工作责任，认真对待每一项工作，保证工作质量。

（3）积极学习和提升能力。虚心向实习单位的员工学习，汲取他们的工作经验。参加单位组织的培训和学习活动，提升自己的专业技能和综合素质。

（4）保持良好的职业素养。注意自己的言行举止，保持礼貌谦逊。保守实习单位的商业机密和工作信息，不泄露单位资料。树立正确的工作态度，培养敬业精神和责任感。

完成实习后，大学生应总结整个实习过程，回顾自己在实习期间的工作表现，反思自己的优点和不足，撰写实习总结报告，参考表5-2，详细阐述实习的经历、成果和体会等。

表 5-2 实习报告（示例）

实习项目	钳工实习报告
实习时间	2025 年 6 月 10 日 ~ 2025 年 8 月 10 日
实习单位	× × 石化检修安装有限责任公司
实习目的	（1）理论与实践结合：将课堂所学的钳工理论知识与实际生产操作相结合，加深对钳工技能的理解 （2）提升技能：通过实习，掌握钳工的基本操作技能 （3）培养职业素养：了解钳工工作的安全规范，培养良好的工作态度和团队合作精神
实习内容（附工作和实习成果照片）	（1）安全教育：学习钳工实习的安全操作规程，了解实习中可能遇到的安全隐患及应对措施 （2）工具认识与使用：熟悉钳工常用的工具和设备，并学会正确使用 ……
实习总结	……

思考练习

1. 职业的内涵是什么？请简要说明职业对个体和社会的意义。
2. 请列举并解释职业的几种主要类别。
3. 如何通过建立职业库法来探索职业世界？请简要说明步骤。
4. 什么是职业意识？简述职业意识发展的三个阶段。
5. 什么是职业道德？如何培养良好的职业道德。
6. 在实训和实习中怎样做到切实提高自己的劳动能力和综合素质？

第6章
匠心筑梦
——劳动与社会实践

【目标指引】

1. 了解社会实践的意义和形式。
2. 深入了解常见的社会实践活动。
3. 正确认识社会实践对个人成长的价值，积极投入社会实践活动。

案例导入

张燕琪大学毕业后报名参加了西部计划，并幸运地回到家乡内蒙古自治区赤峰市巴林右旗做志愿者服务。

巴林右旗的耕地以旱地为主，全旗土壤肥力总体的状况是缺磷少氮、有机物含量低、保水保肥能力较弱，在一定程度上限制了当地农牧业的发展。张燕琪要做的是改良土壤，提高农作物产量。为此，她经常下乡，到分布在巴林右旗的各个试验田里采集土样、检测土肥情况。有时候路程比较远，一走就是一个多小时，乡间小路曲折坑洼，汽车颠簸、摇晃得厉害。

"也许我的力量很小，但是我希望能在我的青春里写下与家乡的故事。"张燕琪在她的工作日志里这样写道。

当志愿者的一年时间里，张燕琪奔走在田间、村里，她蹲在田垄上取土取样、种地测产，协助农业技术推广中心做好土肥试验及试验田和监测点的管理。在农闲的时候，张燕琪就到嘎查村动员农牧民参加农技学习班，发放宣传单，让乡亲们了解新的农业技术手段。她还走进农户家，教农牧民使用手机，教他们上网查找农作物种植管理方法、如何给牲畜用药治病等知识。

一年志愿期满后，张燕琪续签了西部计划志愿者服务合同，她选择继续留在家乡，续写属于自己的青春故事。

张燕琪参加西部计划，在改良当地土壤，提高农作物产量，推广农业技术等方面做出了自己的贡献。同时，她也增长了社会知识、锻炼了实践能力，实现了自己的人生价值。可见，参加社会实践是大学生提高实践能力、了解社会需求、培养责任感、提升综合素质和促进个人发展的重要途径。

6.1 社会实践概述

对大学生来说，社会实践是在特定的环境和条件下，参与一系列有组织、有计划的活动，以接触社会、了解社会、服务社会，并从中接受教育、培养综合素质的过程。在大学生的劳动实践中，社会劳动实践占有很大比重，它强调大学生的亲身参与和体验，以此加深大学生对社会的认识和理解。

微课：社会实践概述

6.1.1 社会实践的意义

社会实践对大学生来说，具有重要的现实意义。社会实践不仅有利于提高大学生的思想政治素质、增强其实践能力，还有利于增强大学生的责任感和使命感。

1．提高思想政治素质

社会实践给予大学生更多了解社会的机会。在社会实践过程中，大学生能够更好地认识国情、体验民情、增长才干、奉献社会、锻炼毅力、培养品格，且能在无形中提高自身的思想政治素质。而思想政治素质的提高有利于大学生更好地去理解党的路线方针政策，更好地为建设中国特色社会主义做出自己的贡献，为实现自身的理想抱负和人生价值提供重要帮助。

2．增强实践能力

实践能力是衡量大学生综合能力的重要因素，即便大学生具备扎实的理论基础，也同样需要强大的实践能力来提升自我。社会实践可以以亲身体验和感受的形式，增加大学生的实践能力。因此，大学生应该有目的、有计划、有组织地参与社会实践，逐步培养自身优秀的劳动习惯、劳动态度和劳动品质，使自己在德智体美劳等方面得以全面发展。

3．增强责任感和使命感

社会实践是增强大学生责任感和使命感的有效途径。通过社会实践，大学生能够贴近社会、贴近现实、贴近群众、贴近生活，能够发现并理解自身对集体、对组织、对社会的作用。在社会实践中，大学生也能发现许多社会需求，当大学生通过劳动满足了这些需求后，自然会进一步增强自己作为社会公民的责任感和使命感。日后当大学生发现了新的社会需求时，责任感和使命感会促使大学生排除万难、想方设法地去面对需求，并努力找到解决方案。

• 课堂讨论

讨论主题：社会实践的心得体会。

讨论内容：

（1）你认为大学生应如何在社会实践中增强实践能力？

（2）你认为大学生如何做到在社会实践中增强责任感和使命感？

6.1.2　社会实践的形式

社会实践的形式丰富多样，从劳动分类的角度上看，大学生参与社会实践的形式可以被概括为生产劳动和服务性劳动。

1．生产劳动

生产劳动指创造物质财富的劳动。常见的生产劳动类型有农业生产劳动、工业生产劳动、建筑业生产劳动等。农业生产劳动包括种植农作物、养殖家畜家禽等，为人们提供粮食、蔬菜、肉类等生活必需品。工业生产劳动涵盖制造业、加工业等众多领域，如汽车制造、电子产品组装、钢铁生产等，制造出各种工业产品满足社会的需求。建筑业生产劳动的主要劳动内容为建造房屋、桥梁、道路等基础设施，是城市化和社会发展的重要支撑。此外，在农业生产、工业生产、建筑业生产劳动中进行的软件开发，产品包装、运输、保管，以及人事管理等劳动形式也都属于生产劳动。

进行生产劳动，通常需要大学生具备较强的职业性劳动能力，即具备在特定职业领域或行业中所需具备的职业技能并能够应用这些技能完成特定的工作任务。例如，种植农作物需要掌握种子处理、播种、施肥、灌溉、除草、病虫害防治、收获等种植技术。

2．服务性劳动

服务性劳动以提供非实物的、不能储存的劳动成果而区别于生产劳动。例如，保洁员的清洁服务、教师的教育服务、专家的咨询服务等，这些服务的劳动成果都是非实物的。服务性劳动是非生产劳动的一种表现形式。服务是从物质生产中派生出来的，服务劳动的存在，为生产、交换、分配、消费等活动提供了便利，从而提高了生产效率和生活便利程度，有利于社会经济的发展。

在现代市场经济中，除饮食、旅游、文娱、医卫等生活、休闲服务外，还存在通信、运输、仓储、经济咨询和技术设计等生产性服务，以及金融服务和商业服务。

大学生在服务性劳动实践过程中，通常需要或强调"与人打交道"。为更好地完成服务性劳动，更好地为他人提供各种服务，大学生应当具备较强的沟通与协调能力、客户服务能力、团队合作能力、忍耐与应变能力。

（1）沟通与协调能力

大学生应具备良好的沟通能力，包括与他人有效地交流、表达自己的观点和理解他人的需求，良好的沟通能力可以帮助大学生更好地与消费者进行互动，了解消费者的需求并做出适当的回应。同时，大学生还应具备协调能力，能够有效地与他人合作，解决劳动过程中出现的问题和冲突。

（2）客户服务能力

大学生在服务性劳动中可能需要接待、咨询、解答客户的问题，因此应当具备良好的客户服务能力，包括耐心倾听、善于沟通、理解客户需求并给予满意的回应。同时，大学生能够将客户的需求放在首位，关注并满足他们的期望。在服务的过程中，大学生需要关注细节、主动提供帮助和积极解决问题，以提供优质的客户服务。

（3）团队合作能力

大学生应具备良好的团队合作能力，能够在团队中积极付出、有效地与他人协作，共同完成服务性劳动。

（4）忍耐与应变能力

服务性劳动可能会面临一些复杂、困难或紧急的情况，大学生应具备一定的忍耐与应变能力，能够在压力下保持冷静、灵活应对，并且能够在困难中不言放弃并努力找到解决问题的方法。

进行生产劳动和服务性劳动所需的劳动能力是相互交叉的，一些生产劳动也需要具备较强的沟通与协调能力、客户服务能力、团队合作能力等，一些服务性劳动也需要特定的职业性劳动能力，如从事计算机维修服务，需要掌握计算机的操作和维修技能等；从事电子商务服务，需要掌握电子商务专业知识和直播软件、数据分析软件等的操作技能。

> **劳动大讲堂**
>
> 参加志愿服务好比参加大型实践课，是难得的实践经历，可以帮助大学生学习到很多东西。例如，帮助国际友人做翻译工作，可以提高自身的口语水平。又如，观察志愿服务活动的组织方式，可以学习主办方是如何将杂乱的工作协调得井然有序的，从而提高组织协调能力。这些对大学生的长期发展和自我提升都有一定程度的正向作用。

• **课堂讨论** ···

讨论主题：大学生社会实践的形式。

讨论内容：

（1）你认为大学生参与社会实践的具体形式有哪些？举例说明。

（2）你认为大学生参与不同的社会实践活动需要具备哪些能力？举例说明。

6.2 社会实践活动

大学生参与社会实践活动的途径很多，大学生可以根据自身能力选择适合的社会实践活动。本节主要介绍社区服务、"三下乡"活动、"三支一扶"计划、大学生志愿服务西部计划等社会实践活动类型，供大学生选择参考。

微课：社会实践活动

6.2.1 社区服务

社区服务是以社区为基本单元，以公共服务、志愿服务、便民利民服务为主要内容的社会实践活动。

通常，大学生参加社区服务实践活动，是由教师、大学生、社区机构相关人士共同拟定活动方案，方案内容包括活动主题、活动目标、活动时间、活动地点、服务对象、执行步骤、分工情况、经费预算，以及相关人员的责任规定及安全注意事项等。如有必要，学校还需制定书面的活动指南。大学生参加社区服务实践活动的形式包括帮助社区打扫卫生、参加社区的安全巡逻、改善社区居民的生活环境、为孤寡老人提供生活帮助、为留守儿童提供教育辅导、为残疾人群提供服务等。

下面介绍"敬老院献爱心"活动的活动内容，供大学生参考。

1．为老年人理发

因为行动不便，理发成了老年人比较烦恼的事情。大学生可以准备好理发的工具，走进敬老院，为老年人提供理发服务。

（1）理发的基本工具

为老年人提供理发服务所需的基本理发工具有以下几种。

① 电推剪。目前在理发服务中大多使用电推剪来理发，该工具可以快速且整齐地推掉头发。

② 牙剪。指一侧刀刃为锯齿状的理发剪，该工具可以有间隔地剪断头发，在不改变头发整体长度的前提下，使厚重的头发变得更轻柔。

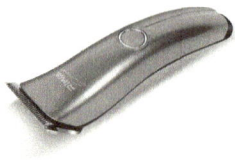 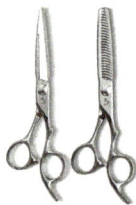

电推剪 ●   牙剪 ●

③ 梳子。该工具用于梳理头发，也可用于挑起头发，方便控制理发的位置和长度。

④ 理发围布。该工具可以隔离剪掉的碎头发。

各种样式的梳子 ●   理发围布 ●

（2）理发的方法

为老年人理发的一般方法如下。

① 将凳子放在一个光线充足的区域，让老年人坐下，并为其系上理发围布。

② 在喷水壶中装入适量清水，向头发喷洒水分，让头发保持轻微湿润的状态。

③ 从头部后方的底部开始，用梳子挑起头发，控制长度，用电推剪沿梳子推掉头发，按此方法依次从下往上推掉一定长度的头发。

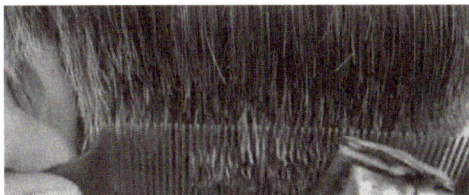

推剪后方的头发 ●

④ 按相同方法推掉头部两侧底部的头发，露出两侧的耳朵，并利用梳子挑起鬓发，适当推掉一定长度的头发。

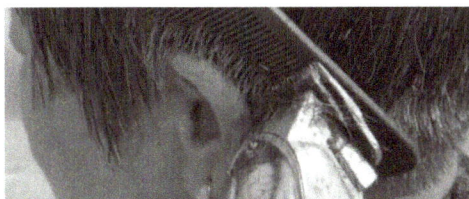

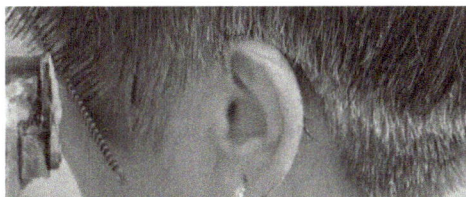

推剪两侧的头发及鬓发 ●

⑤ 使用梳子挑起后面较长的头发，用牙剪进行修剪。头部两侧较长的头发也按这种方法进行修剪。

修剪较长的头发 ●

⑥ 按相同方法修剪顶部和前面的头发，如果头发较厚，可以适当使用牙剪进行修剪，将头发处理得稍微轻薄一些。

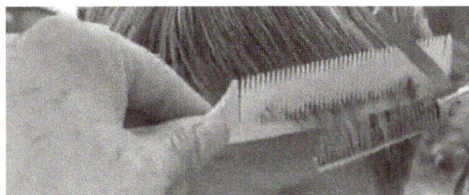

修剪前面的头发 ●

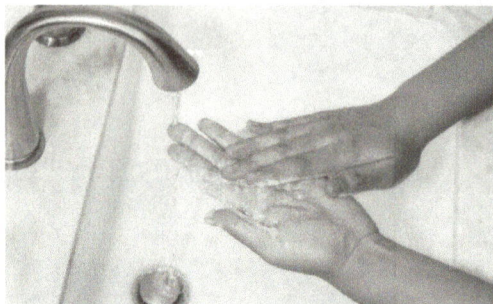

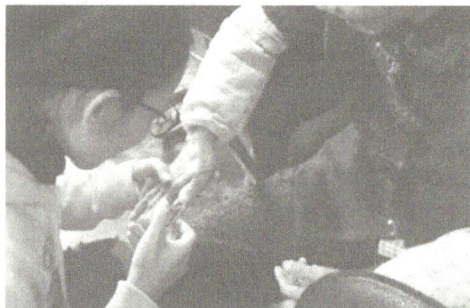

2．为老年人修剪指甲

老年人由于视力退化、行动不便等，无法轻松自主地修剪指甲，再加上老年人的指甲老化，往往变得更厚更硬，也不便于老年人自己修剪。大学生可以为老年人修剪指甲，这一方面可以改善老年人的卫生状况，另一方面也能避免过长的指甲对老年人造成伤害。

（1）使用洗手液和消毒液清洗老年人和自己的双手，起到除污杀菌的作用。

（2）使用温热湿润的毛巾敷在老年人的手上，起到软化指甲的作用。

（3）使用指甲剪逐一修剪每根手指的指甲。修剪时应该从中间剪起，再修正两边。

（4）使用指甲锉修整指甲边缘至平滑，以免挠伤皮肤。

为老年人修剪指甲 ●

劳动大讲堂

社区服务要符合社区居民的需要。在参与社区服务活动之前，大学生要进行社区服务方面的调查，通过问卷法、访谈法、观察法等调查方法了解整个社区的环境、人口构成等情况，从而了解居民需要哪些方面、何种形式的服务。

● **课堂讨论** ···

讨论主题：社区服务的形式与意义。

讨论内容：

（1）大学生参与社区服务活动还有哪些常见的形式？

（2）大学生参与社区服务活动对自己、对社区有什么影响？

6.2.2 "三下乡"活动

"三下乡"活动的全称是全国大中专学生志愿者暑期文化科技卫生"三下乡"社会实践活动，是各高校在暑期开展的一项"文化下乡、科技下乡、卫生下乡"社会实践活动。

"三下乡"活动的实践内容每年可能不同。例如，2024年"三下乡"活动的主题是"青春为中国式现代化挺膺担当"。

1．重点团队

2024年"三下乡"活动，主要从学习宣传习近平新时代中国特色社会主义思想、爱国主义教育、中华文化传承、促进乡村振兴、服务基层群众、民族团结实践等6方面开展，全国层面共组织3000支重点团队。

（1）习近平新时代中国特色社会主义思想宣讲团

聚焦学习贯彻习近平新时代中国特色社会主义思想，巩固拓展团员和青年主题教育成果，组织和引导学生将理论学习和社会实践相贯通，努力掌握这一科学思想的世界观、方法论和贯穿其中的立场观点方法，结合学习领会习近平总书记对青年学生寄语精神、《习近平与大学生朋友们》（第一、二卷）等内容，面向基层群众和青少年群体开展小规模、互动式、接地气的宣传宣讲。

（2）爱国主义教育实践团

围绕庆祝中华人民共和国成立75周年，组织青年学生到爱国主义教育基地、革命传统教育场馆开展仪式教育、学习体验、调查研究等，深刻领悟党的领导、领袖领航、制度优势、人民力量的关键作用，树立爱党报国信念、担当时代使命责任。

（3）中华文化传承团

组织青年学生深入学习贯彻习近平文化思想，通过广泛开展和参与非遗展演、文物保护、艺术创作、展馆研学等实践活动，领会"两个结合"的重大意义，传承弘扬中华优秀传统文化、革命文化、社会主义先进文化，进一步增强历史自信、文化自信。

（4）乡村振兴促进团

学习贯彻习近平总书记给中国农业大学科技小院的学生回信精神，组织青年学生深入乡村特别是160个国家乡村振兴重点帮扶县，运用专业知识开展科技支农以及卫生医疗、基层治理、生态环保等活动。鼓励通过在基层团组织兼职等方式，引导学生关注乡村发展、投身乡村振兴。

（5）基层服务践行团

组织青年学生进社区、进学校、进企业、进农村，在基层一线与群众同吃同住同劳动，紧密结合自身专业特长，广泛开展科技推广、健康义诊、教育帮扶、法治宣讲、金融普及、环境保护、粮食节约等特色实践服务。

（6）民族团结实践团

组织在其他地区学习的西藏、新疆等民族地区学生就近开展"民族团结我践行"主题实践，组织其他地区学生到民族地区开展"大国边疆 青春聚力"主题实践，组织民族地区学生到其他地区开展实践活动，通过生产劳动、政策宣讲、走访调研、结对交流等，当好民族团结进步的宣传者、示范者和践行者，不断铸牢中华民族共同体意识。

2．专项活动

在2024年"三下乡"活动中，继续联合有关方面组织开展专项活动。全国层面的专项活动主要包括下列内容。

（1）组织青年学生重走习近平总书记的考察路线，在总书记去过的乡镇、街道、社区、农村等进行实地调研学习。

（2）深入全国各地新时代文明实践中心（所、站），开展学习实践科学理论、宣传宣讲党的政策、培育践行主流价值、丰富活跃文化生活、持续深入移风易俗等实践活动。

（3）依托革命传统教育场馆，组织青年学生开展党史教育、红色研学等实践活动。

（4）面向有关民族地区、欠发达地区等，结合青年学生专业特长，开展普通话推广、爱心医疗、教育关爱等实践活动。

（5）服务地方经济社会发展，组织青年学生开展生态文明建设、特色产业调研、当地资源开发等实践活动。

大学生可通过学校的公告信息，或三下乡返家乡官方网站、"创青春"微信公众号了解"三下乡"活动详情，并根据自身情况选择实践活动。

劳动大讲堂

"返家乡"活动是由中国共青团中央发起的组织在校大学生利用假期返回家乡参与社会实践的活动。"返家乡"活动以大学生家乡为纽带，引导大学生通过返乡实践更好地了解国情、感知社会、热爱家乡、服务群众，成为社会需要的青年人才。大学生也可以选择参加。

👁 案例阅读　　　　**"数字新农人"探索乡村振兴新路径**

为深入学习贯彻党的二十大精神，进一步落实乡村振兴战略和"绿水青山就是金山银山"的科学论断。西南政法大学"数字新农人"团队深入巴渝和美乡村示范村，历经225天、跋涉379.7千米，进行8次实地调研，探寻乡村振兴之道。

在新寨村，团队见识了智慧大棚中的科技种苗，这一创新技术显著提高了土地生产效率和产出，每亩可增收300元至400元，成为乡村振兴的重要支撑。团队成员通过视频推广，宣传了科技种苗对提高农村经济发展质量和效益的创新驱动作用。

集体村则利用智慧大屏对村里的梨园进行数字化管理。在充分了解智慧大屏的数字赋能作用后，团队成员们走进智慧梨园，用双语解说的方式推广集体村智慧梨园的非充分灌溉技术，讲中国乡村振兴的故事，传递中国的农声音。

东升村与三河村则选择了"非遗活化、文艺兴村"的路径。团队成员直播展示竹编与蓝染技艺，让观众近距离感受两个乡村"活态传承"非遗技艺的旺盛生命力。东升村的竹编成为支柱产业，而三河村的"镜蓝染"工艺特色中心也吸引了大量游客，带动了当地增收。

此外，团队还对金鳌村、放牛村与保坪村进行了调研。金鳌村依托金鳌寺和"金鳌田园"综合体项目，发展生态经济文旅。放牛村以花卉苗木为核心走绿色发展之路。保坪村则集众多特色景观于一体，打造生态体验圈，未来将进一步发展休闲农业和乡村旅游业。

在整个调研过程中，团队成员不仅宣传了乡村振兴的成果，还通过直播、视频等方式，将巴渝和美乡村的风貌和故事传递给了更多人。他们的行动不仅给乡村提供了实际的帮助，也展现了青年力量在乡村振兴中的积极作用。

金鳌村特色民宿 ●　　　　　　　放牛村的特色公共空间 ●

点评： 西南政法大学"数字新农人"团队去到巴渝和美乡村示范村进行实地调研考察，感受新时代发展背景下的乡村发展变化，探索乡村振兴经验。团队把乡村当作广阔课堂，在实践中激发潜能、积累经验，深入当地开展活动，拍摄图片与视频，进行采访和调研，用镜头记录乡村的兴农风光。团队借助新媒体对乡村进行数字化宣传，实现青春与乡村的"双向奔赴"。这些经验将帮助大学生更好地助力乡村振兴，为乡村发展贡献自己的力量。

● **课堂讨论** ○○○○○○○○○○○○○○○○○○○○○○○○○○○○○○○○○○○○

讨论主题："三下乡"活动的社会价值与意义。

讨论内容：

（1）"三下乡"活动对乡村的意义体现在哪些方面？

（2）"三下乡"活动对大学生的意义体现在哪些方面？

（3）大学生如何积极参与"三下乡"活动？

6.2.3　"三支一扶"计划

"三支一扶"计划是引导鼓励高校毕业生到基层工作的示范项目，重点选派高校毕业生到基层从事支教、支农、支医和帮扶乡村振兴等服务。"三支一扶"计划在加强基层人才队伍建设、助力乡村振兴等方面发挥了积极作用，也有效缓解了高校毕业生的就业问题。

按照《中共中央组织部 人力资源社会保障部等十部门关于实施第四轮高校毕业生"三支一扶"计划的通知》，2021年至2025年实施第四轮高校毕业生"三支一扶"（支教、支农、支医和帮扶乡村振兴）计划。主要内容介绍如下。

1．人员选派与招募

每年选派3.2万名左右高校毕业生，累计选派16万名，并结合就业形势和"三支一扶"事业发展需要，适时合理调整"三支一扶"计划补助名额。优先招募脱贫户、零就业家庭毕业生；优先招募已参加住院医师规范化培训的医学类毕业生。对招人难、留人难的艰苦边远地区，可适当放宽专业要求，降低开考比例，提高招募本地户籍毕业生比例。

2. 岗位设置与生活补贴

"三支一扶"人员的岗位涉及教育、卫生、农业、社会保障等服务岗位，工作时间一般为2年，工作期间给予一定的生活补贴。在艰苦边远地区服务的，享受艰苦边远地区津补贴。中央财政补助标准为西部地区每人每年3万元（其中新疆南疆四地州、西藏自治区每人每年4万元），中部地区每人每年2.4万元，东部地区每人每年1.2万元。

3. 服务期满后的政策支持

"三支一扶"计划人员服务期满后，可继续扎根基层，也可自主择业，并享受一定的政策支持。例如，各省（自治区、直辖市）每年应拿出公务员考录计划的10%左右，面向"三支一扶"计划等服务基层项目人员定向考录；各省（自治区、直辖市）县乡基层事业单位公开招聘时，应根据本地区实际拿出一定数量或比例的岗位，对"三支一扶"服务期满考核合格的人员进行专项招聘，并增加工作实绩在考察中的权重，聘用后可以不再约定试用期；省（自治区、直辖市）事业单位公开招聘时，对"三支一扶"服务期满考核合格的人员同等条件下优先聘用；各地要依托公共就业和人才服务机构，为自主就业的服务期满人员提供有针对性的就业服务；参加"三支一扶"计划前无工作经历的人员期满且考核合格的，两年内在参加机关和企事业单位考录（招聘）、自主创业、落户、升学等方面可同等享受应届毕业生相关政策。

劳动大讲堂

每年的"三支一扶"计划实施工作可能会根据实际情况，按照相关部门下发的通知，在大的政策方针下做出细微调整，如2024年的"三支一扶"计划紧贴基层需要，着重开发基层事业发展急需岗位，拓展乡村建设助理、农技推广、水利基础设施建设与运行管理、林草生态保护修复、医疗卫生等服务岗位。大学生需要留意当地省级人力资源社会保障部门发布的"三支一扶"计划招募公告，或者关注学校发布的相关信息。

👁 **案例阅读**　　　王远鹏：扎根基层，推动民生

青岛市人社局联合大众网推出《青岛市"三支一扶"基层就业大学生先进事迹展播》栏目，讲述了王远鹏通过"三支一扶"计划服务基层的事迹。

2022年，25岁的王远鹏辞去了市区的工作，通过"三支一扶"计划来到青岛西海岸新区铁山街道，投身于杨家山里乡村振兴示范片区的建设。面对初期的挑战，他主动出击，不仅从网上收集成功案例，还请教在村任教的老师，将他们的心得融入建设方案，最终使方案顺利通过专家评审。

2023年，全市乡村振兴示范片区重点项目集中开工仪式在杨家山里乡村振兴示范片区召开，王远鹏负责推进7个项目。他深入项目一线，对接参建单位，确保项目顺利进行。在他的努力下，杨家山里乡村振兴示范片区在2023年第一季度市级乡村振兴示范片区综合评价中位列第一。

櫻桃采摘节期间，王远鹏更是忙碌不已。他一边指挥交通，一边耐心解答游客问题，确保游客安全有序游览。同时，他还走访片区内每一家农家宴，统计特色菜品，进行广泛宣传，让游客既能享受采摘乐趣，又能品尝地道农家菜。

在半年的"三支一扶"工作中，王远鹏深入基层，了解村民需求，实实在在地为他们解决困难。他的付出不仅赢得了村民的赞誉，更展现了他服务基层、扎根基层的风采。

点评：王远鹏通过"三支一扶"计划投身于杨家山里乡村振兴示范片区的建设，赢得了村民的赞誉，用实际行动为乡村振兴贡献了自己的力量。他为我们树立了榜样，大学生在参与"三支一扶"等社会实践活动时，应该勇于担当，主动学习，提升能力，用实际行动服务群众，实现个人成长。

• 课堂讨论 ◦◦◦◦◦◦◦◦◦◦◦◦◦◦◦◦◦◦◦◦◦◦◦◦◦◦◦◦◦◦◦◦◦

讨论主题："三支一扶"计划的社会价值与意义。

讨论内容：

（1）你认为"三支一扶"计划对社会有什么价值和意义？

（2）你愿意通过"三支一扶"计划到基层锻炼吗？说说你的理由。

6.2.4 大学生志愿服务西部计划

大学生志愿服务西部计划（简称"西部计划"）由中国共青团中央、中华人民共和国教育部、中华人民共和国财政部、中华人民共和国人力资源和社会保障部联合实施，每年招募一定数量的普通高等学校应届毕业生或在读研究生在西部地区基层从事为期 1～3 年的志愿服务工作。

1．西部计划的项目简介

西部计划设有若干项目，根据战略部署的不同，每年的项目内容会有所调整。例如，2024—2025 年度西部计划包括乡村教育、服务乡村建设、健康乡村、基层青年工作、乡村社会治理、卫国戍边、服务新疆、服务西藏 8 个专项。2024—2025 年度西部计划专项内容介绍与选拔标准如表 6-1 所示。

表 6-1　2024—2025 年度西部计划专项内容介绍与选拔标准

专项名称	专项简介	选拔标准
乡村教育	在乡镇及以下中小学从事教学等基础教育工作；积极开展"互联网+教育"，推动高校资源参与提升当地学校教育教学水平；积极参与当地县域教育综合改革。本专项包括研究生支教团	符合西部计划及研究生支教团选拔标准，师范类专业优先

续表

专项名称	专项简介	选拔标准
服务乡村建设	在乡镇及以下农业、林业、牧业、水利等基层单位参与农业科技与管理、现代农民培育、乡村公共基础设施建设工作；协助开展防止返贫动态监测、农村低收入人口动态监测等巩固脱贫攻坚成果的工作；在新型农业经营主体、农村合作经济、农村电子商务、农村饮水安全、农田水利、生态保护等领域参与相关工作	符合西部计划选拔标准，农业、林业、牧业、水利等涉农专业以及资源环境、信息技术、电子商务等专业优先
健康乡村	在乡镇卫生院、村卫生室等乡村基层医疗卫生机构从事卫生防疫、监测、管理、诊治、关爱乡村医生等工作。在乡村积极开展健康教育宣教活动，倡导科学、文明、健康的生活方式，养成良好的卫生习惯，提升居民文明卫生素质	符合西部计划选拔标准，医学类专业优先
基层青年工作	在县级及以下共青团、青年之家、团属青年社会组织从事团的基层组织建设、基层党务、促进就业创业、预防违法犯罪、志愿服务等青年工作	符合西部计划选拔标准，担任过各级团学组织负责人的优先
乡村社会治理	在乡镇部门单位和乡镇社会工作服务站、养老服务设施等乡村基层单位，围绕乡村社会稳定、乡村民生改善、乡村养老育幼、乡村人居环境治理、乡村儿童关爱、乡村文化、乡村体育、平安乡村、乡村社区治理、乡村普法宣传等乡村基本公共服务和公共事务开展工作	符合西部计划选拔标准，法律、经济、中文、社会工作、行政管理、历史、政治、体育等相关专业优先
卫国戍边	围绕陆地边境县（市、区、旗）和新疆生产建设兵团边境团场实际需要，助力当地稳边固边、兴边富民工作开展，在县乡基层单位参与民族团结进步教育、党的创新理论宣讲、乡村教育、医疗卫生、乡村产业发展、乡村建设、乡村治理等工作，加强边疆地区基层工作力量	符合西部计划选拔标准。师范类、农学类、医学类以及相关理工和人文社会科学类等专业优先，担任过各级团学组织负责人的优先
服务新疆	围绕新疆和兵团经济社会发展需要，在县乡基层单位参与乡村教育、服务乡村建设、健康乡村、基层青年工作、乡村社会治理等工作	符合西部计划选拔标准。师范类、农学类、医学类以及相关理工和人文社会科学类等专业优先，担任过各级团学组织负责人的优先
服务西藏	围绕西藏经济社会发展需要，在县乡基层单位参与乡村教育、服务乡村建设、健康乡村、基层青年工作、乡村社会治理等工作	

通常，大学生可及时关注学校的公告信息，或通过大学生志愿服务西部计划官方网站了解西部计划活动详情，根据自身情况报名。

"西部计划"官方网站

2．西部计划的招募选拔流程

以2024—2025年度西部计划为例，对西部计划的招募选拔流程进行介绍，西部计划的招募选拔主要涉及内容如下。

（1）招募指标的确定

全国项目办根据国家对口帮扶、对口援疆、对口援藏机制和历年招募情况等，建立相关省（自治区、直辖市）对口招募机制，并明确各服务省（自治区、直辖市）内招募指标、对口招募省（自治区、直辖市）招募指标。鼓励东西部人才交流，逐步提升服务省（自治区、直辖市）外招募志愿者比例。各省级项目办招募工作完成情况将纳入年度绩效考核。

（2）宣传动员

各招募省（自治区、直辖市）、服务省（自治区、直辖市）、高校项目办要按照全国项目办部署的西部计划年度招募宣传工作要求，用好各类宣传产品，以线上宣传为主，全面用好新媒体和传统媒体、地方媒体和校园媒体等各类阵地，多措并举宣传推介。招募省（自治区、直辖市）统筹开展省（自治区、直辖市）内宣传工作，使广大高校应届毕业生和在读研究生全方位了解西部计划，踊跃报名参加。逐步建立高校西部计划长链条招募宣传工作机制。

（3）选拔标准

普通高等学校应届毕业生或在读研究生，拥护中国共产党的领导，热爱祖国、热爱人民、热爱社会主义，理想信念坚定，思想政治素质好，到岗之前获得毕业证书和学位证书，通过西部计划体检（体检内容和标准见西部计划官网）。有志愿服务经历的优先录用。

（4）报名时间和报名方式

在报名日期内，高校毕业生可登录西部计划官网，在西部计划报名系统进行注册、填写报名表并选择三个意向服务省（自治区、直辖市）。下载打印报名表后，经所在院系团委审核盖章，提交至所在高校项目办（设在高校团委），高校项目办确认纸质版报名表和西部计划报名系统电子报名表信息一致后进行审核备案。

（5）选拔方式和流程

各招募省级项目办负责本省（自治区、直辖市）报名志愿者的选拔统筹工作，可单独或会同报名学生所在高校项目办开展审核、笔试、面试、心理测试等选拔工作，做好入选志愿者集中体检及公示，并加强与服务省级项目办的沟通协调。各招募省（自治区、直辖市）原则上5月31日前完成选拔工作，6月10日前完成体检工作，6月20日前与志愿者签订招募协议书（见西部计划官网）并向志愿者发放《确认通知书》。鼓励服务市（地、州、盟）和服务县（市、区、旗）参与本省（自治区、直辖市）志愿者的面试选拔与人选确定工作。

3. 西部计划的政策支持

为便于西部计划志愿者更好地投入西部建设，国家在升学、就业等方面给予志愿者一定的政策支持。

（1）服务2年以上且考核合格的，服务期满后3年内报考硕士研究生，初试总分加10分，同等条件下优先录取。

（2）参加西部计划项目前无工作经历的，在服务期满且考核合格后2年内（研究生支教团志愿者自研究生毕业时开始计算），在参加机关事业单位考录（招聘）、各类企业吸纳就业、自主创业、落户、升学等方面同等享受应届高校毕业生的相关政策。

（3）按规定符合相应条件的，可享受相应的学费补偿和助学贷款代偿政策。

（4）服务期满考核合格的，依实际服务年限计算服务期及工龄（参加工作时间按其到基层报到之日起算），并在服务证书和服务鉴定表中体现。

（5）服务期满1年且考核合格后，可按规定参加职称评定。

（6）出省（自治区、直辖市）服务的和在本省（自治区、直辖市）服务的志愿者享受同等优惠政策。

• 课堂讨论 ⚬⚬⚬⚬⚬⚬⚬⚬⚬⚬⚬⚬⚬⚬⚬⚬⚬⚬⚬⚬⚬⚬⚬⚬⚬⚬⚬⚬⚬

讨论主题：西部计划的社会价值与意义。

讨论内容：

（1）结合自己或身边人的经历，分享参加西部计划的心得体会。

（2）大学生参加西部计划对社会有什么意义？

实践活动——参加暑期"三下乡"活动

1. 活动目的

通过参加"三下乡"活动，大学生可以将所学知识带到经济发展相对落后的农村地区，促进当地文化、科技、卫生的发展。在为推进农村精神文明建设和乡村振兴做贡献的同时，大学生也可以提高自己的政治素养和思想觉悟，开阔视野，增长才干，丰富自己的人生经历。

2. 活动内容

"三下乡"活动是在校大学生可以参加的一项重要的社会实践活动。各高校会在暑期组织大学生组建团队开展"三下乡"活动，鼓励大学生发挥自身专业优势走入农村地区做实事，以达到综合育人的目的。大学生应抓住机会，积极参与其中。活动的主要流程如下。

（1）选择实践团队。通过学校官方网站、学生处、团委等官方渠道，获取暑期"三下乡"活动的相关信息，根据自己的兴趣和专业背景，选择适合自己的实践团队。

（2）组建或加入团队。大学生可以与志同道合的同学组建团队。例如，与来自不同院系的同学组成支教团，为目标地区提供多类型的课程。此外，大学生也可以以个人身份申请加入某个团队。需要注意的是，每个团队必须配备指导教师。

（3）准备材料。准备个人材料，包括身份证、学生证等；团队材料主要是"三下乡"活动策划书，策划书的内容包括实践项目名称、实践时间、实践地点、团队类型、指导教师信息、团队成员信息、活动内容等。

（4）提交申请。在规定的时间内向校团委提交材料，申请参加"三下乡"活动（提交渠道参照学校发布的信息）。

（5）参加面试和选拔。学校会对报名人员的信息进行审核，通过审核的大学生需要参加面试和选拔，以便学校了解学生的综合素质和能力，确保学生符合参与条件、具备必要的技能。

"三下乡"社会
实践活动策划书
模板

（6）参加培训。通过面试和选拔后，大学生需要参加培训。培训内容包括安全知识、实践技能（根据实践需求而定）、团队协作等方面的知识和技能。

（7）临行准备。在准备出发前，根据活动需求，大学生可以进行适当的体能训练，以及根据活动时长和当地条件，准备物资，包括衣物、洗漱用品等个人物品；调研问卷、录音设备、相机等工具；手电筒、急救包等必要的安全防护用品。

（8）服务实践。到达实践目标地区后，各实践团队按照要求开展社会实践，及时整理实践成果，做好宣传报道。实践过程中，务必以尊重和包容的态度看待农村的生活方式和文化习俗，避免产生偏见或误解。

3. 活动要求

大学生参加"三下乡"活动的要求主要有以下两个方面。

（1）确保安全。其一，依法依规组织开展各项活动。其二，听从指导教师的指导、安排，开展活动前和过程中要充分研判部署，密切关注天气变化和自然地质条件，做好突发情况的应急预案。如遇突发情况，应立即暂停相关地区的活动，杜绝侥幸心理。其三，保存好学校、团队负责人、家人等重要联系人的联系方式，确保在紧急情况下能够迅速取得联系。

（2）务求实效。按照"受教育、长才干、作贡献"的原则，坚持严实作风，有针对性地开展社会实践活动，反对"形式主义""摆拍走秀"。注重将社会观察、知识积累、实践思考等转化为实实在在的建设性意见和举措，让自己在实践中求真知、长才干。此外，谨记"帮忙不添乱"，不给基层增加负担。

暑期"三下乡"活动结束后，大学生需要根据实践经历撰写活动报告。活动报告内容包括实践项目名称、实践时间、实践地点、团队类型、指导教师信息和团队成员信息、具体实践事项和成果展示以及实践总结等，可参考表6-2。另外，有条件的团队和个人还可以制作视频短片等。

表6-2　暑期"三下乡"活动报告（示例）

实践项目名称		××大学"智慧助农"实践团暑期"三下乡"社会实践
实践时间		2025年7月10日至2025年8月25日
实践地点		××乡
团队类型		由××大学农学院、信息工程学院及人文社会科学学院共20名大学生组成的跨学科实践团队（促进乡村振兴团）
指导教师信息		秦××、植物病理学系副教授、187××××1111
团队成员信息		……
活动内容	具体实践事项	
	成果展示（附照片）	
实践总结		……

思考练习

1. 社会实践有哪些形式？参加社会实践对大学生有什么积极意义？
2. "三支一扶"计划和西部计划有什么区别？
3. 你希望参加哪类社会实践活动？说说原因。

第7章
万无一失
——劳动安全与卫生保障

【目标指引】

1. 熟悉劳动安全的相关内容。
2. 熟悉劳动卫生的相关内容。
3. 深刻理解劳动安全与劳动卫生的现实意义，确保劳动安全健康。

案例导入

　　柴健是贵州超宇水泥有限责任公司窑系统巡检大班长。他从事巡检工作多年，曾担任中控窑操作员、中控班长。

　　自参加工作以来，柴健真正做到了干一行爱一行。为了工作更出色，他利用工作空余时间积极学习理论知识，在单位图书馆找相关的书籍、在网上搜索每一个需要解决的疑问、与同事讨论工作中常遇到的问题及怎样解决。他参加过新型干法生产操作技术培训、中级钳工培训，获得过机电一体化专业证书、维修电工资格证书、中控操作资格证书等。经过积极学习理论知识与参加实践，柴健对水泥厂烧成系统一清二楚。

　　在柴健的眼里，做好每一件小事，做好每一个细节，排除每一个安全隐患，保障每人每天安全生产、平安回家，就是把小事做成了大事。在巡检当中，柴健一发现事故隐患的苗头马上处理，在处理好故障的同时也积极预防同样故障的再次发生。"出事情不可怕，可怕的是同样的事情再次发生"，柴健时刻提醒自己。

　　劳动安全无小事。在劳动过程中，一旦发生事故，轻则影响正常劳动，重则造成财产损失和人员伤亡。在生产的第一线，作为巡检员，柴健对劳动安全的认识十分深刻，他要做的事情就是将事故隐患的苗头掐灭。"先其未然谓之防，发而止之谓之救，行而责之谓之戒。防为上，救次之，戒为下。"优秀的劳动者不仅注重培养劳动精神、提升劳动技能，还懂得做好安全防护，保护好自己和他人的健康和安全。

7.1　劳动安全

劳动安全是指防止在劳动过程中造成中毒、车祸、触电、爆炸、火灾、坠落、机械伤害等危及劳动者人身安全的事故发生。大学生在各种实践活动中必须高度重视劳动安全问题。

微课：劳动安全

7.1.1　增强劳动安全意识

劳动者树立安全意识，就是形成"安全第一、预防为主"的观念，就是将"要我安全"的被动观念转变为"我要安全"的主动观念。树立安全意识是预防安全事故发生的根本措施。大学生可以从以下方面增强自身的安全意识。

1．认识劳动安全的重要性

劳动安全对于保障劳动者生命安全和身体健康、维护企业的生产效益和声誉、促进社会和谐稳定、提升国家形象和综合竞争力等方面都具有重要意义。要确保劳动者的劳动安全和社会的持续稳定发展，需要社会各界与劳动者共同关注和推动落实劳动安全工作。

（1）保障劳动者生命安全和身体健康

劳动安全的首要任务是防止劳动者在生产劳动过程中发生伤害事故，确保他们的生命安全和身体健康。劳动者是企业最宝贵的资源，他们的安全是企业持续发展的基石。一旦发生安全事故，不仅会给劳动者本人和家庭带来巨大痛苦，还会给企业和社会带来不可估量的损失。

（2）维护企业的生产效益和声誉

安全事故往往会导致生产线中断、设备损坏、产品报废等后果，给企业造成巨大的经济损失。此外，安全事故还会影响企业的声誉和形象，降低客户对企业的信任度和忠诚度。因此，加强劳动安全保护，预防和减少安全事故的发生，这对于维护企业的生产效益和声誉具有重要意义。

（3）促进社会和谐稳定

劳动安全是社会和谐稳定的重要因素之一。安全事故的发生往往会引起社会广泛关注，甚至

劳动安全无小事，安全第一 ●

引发群体性事件和社会矛盾。因此，社会各界加强劳动安全保护，保障劳动者的合法权益，减少安全事故的发生，有利于维护社会和谐稳定，促进经济持续健康发展。

（4）提升国家形象和综合竞争力

在国际舞台上，劳动安全状况往往成为评价一个国家形象和竞争力的重要指标之一。一个重视劳动安全、保障劳动者权益的国家，更容易获得国际社会的认可和尊重。同时，良好的劳动环境也有助于吸引外资和优秀人才，提升国家的综合竞争力。

劳动大讲堂

世界安全生产与健康日是国际劳工组织设立的一个国际性纪念日，旨在引起人们对劳动安全和职业健康的关注，促进全球范围内的安全生产和健康保障。每年的4月28日被确定为世界安全生产与健康日，当日，世界各地都会举办一系列的活动，以提高人们对劳动安全和职业健康的认识。该日的主题通常与劳动安全和职业健康相关，如事故预防、职业病防控、心理健康等。

2．遵守安全规章制度

在校园中，各种安全规章制度随处可见，如宿舍安全规章制度、实验室安全规章制度、网络安全规章制度、消防安全规章制度、校园治安规章制度等。大学生可以直观地感受到，这些安全规章制度在保障学生安全方面发挥了积极的作用。因此，对于相关的安全规章制度，大学生应该自觉地严格遵守。

大学生应在日常学习、生活和劳动中形成"始终将安全放在首位"的观念，养成重视并遵守安全规章制度的习惯。为了省时省力而违反安全规章制度，是对自己、家人、学校、社会乃至国家不负责任的表现，也可能要付出血的代价。大学生应该从遵守校园的安全规章制度开始，养成遵守安全规章制度的习惯，增强遵章守纪的自觉性，抵制违反安全规章制度的行为，防患于未然。

👁 **案例阅读** 安全生产管理制度缺失引发安全事故

2024年4月13日，四川彭州市丽春镇的彭州市正福生猪养殖农民专业合作社（简称"正福合作社"）发生一起较大中毒和窒息事故，造成7人死亡，直接经济损失超565万元。

当日14时46分58秒，饲养员高某华未佩戴防护装备，擅自进入粪水收集池作业。不久，高某华出现咳嗽等异常症状。合伙人吴某察觉异样，立即呼救。随后，合作社负责人王某前往救援。

随后，吴某断开配电箱电源，视频监控中断。随后，吴某母亲李某琼及王某父亲王某友相继进入粪水收集池内实施救援。之后，王某妻子伍某拨打120电话求救后，王某母亲杨某敏、伍某及吴某相继入池救援，但均告失败。最终，7名被困者虽被救出并送医，但仍不幸身亡。

成都市政府事故调查组迅速介入调查，调查结果显示：正福合作社安全生产管理制度缺失，未对有限空间作业安全风险进行辨识和评估，未向员工提供有限空间作业必要的防护用品。同时，彭州市及成都市农业农村局及属地政府的安全监管亦存在疏漏。

针对此事故，成都市政府事故调查组已发布调查报告，建议成都市应急局依据《中华人民共和国安全生产法》有关规定予以正福合作社行政处罚。相关部门亦将加大对农民专业合作社的安全监管与执法力度，确保安全措施落实到位。

点评： 上述事故再次提醒我们，企业必须加强安全生产管理，建立健全安全生产责任制和隐患排查治理制度，及时发现和消除事故隐患。员工也应提高安全意识，严格遵守操作规程，确保自身和他人的生命安全。

3. 避免轻视安全的不良心理

劳动者的安全意识淡薄，除用人单位管理不严等原因外，很多时候是劳动者轻视安全的不良心理以及个人情绪的影响导致的。

（1）避免轻视安全的不良心理

在劳动过程中，大学生如果发现自己存在以下不良心理，就要及时纠正，以免发生安全事故。

① 从众心理。有的劳动者平时不注意学习安全知识和操作技能，对作业中应注意的安全问题认识不清，稀里糊涂地跟着违章人员作业。

② 好奇心理。有的劳动者喜欢表现自己，对于不熟悉的事物总想摸一摸、试一试，并不考虑其中的安全隐患。

③ 马虎心理。有的劳动者工作不细心，即使进行的是特殊作业，也不能保持注意力高度集中，甚至不顾危险，我行我素，马虎应付。

④ 侥幸心理。有的劳动者违规几次却没有出事后，就认为规章制度是多余的，自己能够应对作业环境和条件的变化，盲目自信，忽视了潜在的安全风险。

⑤ 逆反心理。有的劳动者认为操作标准太严、管理措施太烦琐，便产生了逆反心理，甚至反其道而行之。

⑥ 逞能心理。有的劳动者技术有待锤炼，欠缺足够的经验，但为了逞能，不懂装懂，即使明知自己的行为违规或有危险，也偏要尝试。

⑦ 自大心理。有的劳动者自以为自己技术很好，即使已经预见危险，也自大地相信凭借自己丰富的经验可以避开危险。

（2）避免个人情绪的影响

人们常常讲，不要把个人情绪带入工作中，因为个人情绪有时不仅会影响个人，也会影响工作。因此，大学生要养成不把个人情绪带入劳动过程中的习惯。

① 紧张。紧张情绪容易造成工作失误。

② 兴奋。兴奋情绪往往使人忘乎所以，从而忽视劳动安全问题。

③ 消沉。消沉情绪使人思想难以集中，内心难以平静，容易造成工作失误。

④ 急躁。急躁情绪使人心态不平衡，做事急于求成，从而忽视劳动安全问题。

⑤ 抵触。抵触情绪使人缺乏工作主动性，做事马虎，应付了事，易导致安全事故。

4. 积极参加安全活动

安全不是喊喊口号，更不是"面子功夫"，需要人们行动起来，真正落实。因此，大学生应该积极参加学校或实习单位组织的安全活动，包括各类安全演练和培训。例如，消防安全演练、应急救援演练、疾病预防培训、急救知识培训、心理健康知识培训等。

积极参加安全活动，可以让大学生增强判断所处环境潜在危险的能力、抗压的能力、调节心理状态的能力，以及事故应急处理的能力和逃生自救的能力等。在活动演练中，大学生不能抱着好玩的心态，不能敷衍了事，要按照活动主题、步骤和要求认真执行活动内容，不断增强自己的安全意识，真正做到有备无患。

消防安全演练 ●

5．发现安全事故隐患及时报告

大学生不仅要以身作则，自觉遵守安全生产规章制度和劳动纪律，还要养成随时制止他人违章作业、关心周围劳动安全情况的习惯。当发现安全事故隐患时，大学生要及时向学校或有关部门汇报情况；一旦发生安全事故，大学生应在做好自我保护的情况下，帮助相关人员抢救伤员、保护现场，同时协助有关调查人员做好调查工作。

劳动大讲堂

> 大学生不能因为还没有正式步入工作岗位、未正式进行生产作业，就不重视劳动安全。没有安全意识，安全事故有时会"不请自来"。大学生应谨记两点：一是不要以身犯险，要避开危险；二是有备则无患，如果不能避免危险，就要做好万全的应对措施。树立良好的安全意识，将"要我安全"的观念转换为"我要安全"的观念，长此以往，就会具有强烈的自我保护意识，让保护自身的安全成为一种本能。

● **课堂讨论** ···

讨论主题：劳动安全意识的作用。

讨论内容：

（1）你认为劳动安全事故产生的原因有哪些？

（2）增强劳动安全意识对防范劳动安全事故的发生有何作用？

7.1.2　掌握安全防范技能

大学生应该积极学习基本的安全防范知识，掌握安全防范技能，在参加劳动的过程中，既做到"我要安全"，又做到"我能安全"，杜绝劳动安全事故，保障自己和他人的人身安全，避免财产损失。

1．认识安全标志

安全标志是向人们警示工作场所或周围环境的危险状况，指导人们采取合理行为的标志。安全标志能够提醒人们预防危险，从而避免事故发生。当危险发生时，安全标志能够指示人们尽快逃离，或者指示人们采取正确、有效的措施。大学生应正确理解一些工作场所常见的安全标志的含义，以防止事故发生，避免造成不必要的损失。

安全标志由图形符号、安全色（安全色是用以传递安全信息含义的颜色，包括红、蓝、黄、绿4种颜色）和几何形状（边框）或文字构成，用以表达特定的安全信息。安全标志分为禁止标志、警告标志、指令标志和提示标志四大类。

（1）禁止标志

禁止标志是禁止人们不安全行为的图形标志。禁止标志的基本型式是带斜杠的圆环，其中圆环与斜杠相连，安全色为红色，图形符号的颜色为黑色。根据《安全标志及其使用导则》（GB 2894-2008），我国规定的禁止标志共40个，部分常见禁止标志及其名称、设置范围和地点的说明如表7-1所示。

表7-1　部分常见禁止标志及其名称、设置范围和地点的说明

禁止标志	名称	设置范围和地点
	禁止吸烟	有甲、乙、丙类火灾危险物质的场所和禁止吸烟的公共场所等，如木工车间、油漆车间、沥青车间、纺织厂、印染厂等
	禁止烟火	有甲、乙、丙类火灾危险物质的场所，如面粉厂、煤粉厂、焦化厂、施工工地等
	禁止带火种	有甲类火灾危险物质及其他禁止带火种的各种危险场所，如炼油厂、乙炔站、液化石油气站、煤矿井内、林区、草原等
	禁止启动	暂停使用的设备附近，如正在或需要检修的设备、正在或需要更换零件的设备等
	禁止转动	检修或专人定时操作的设备附近
	禁止用水灭火	生产、储运、使用中有不准用水灭火的物质的场所，如变压器室、乙炔站、化工药品库、各种油库等
	禁止放置易燃物	具有明火设备或高温的作业场所，如动火区，各种焊接、切割、锻造、浇注车间等场所
	禁止叉车和其他厂内机动车辆通行	禁止叉车和其他厂内机动车辆通行的场所

续表

禁止标志	名称	设置范围和地点
	禁止倚靠	不能倚靠的地点或部位，如列车车门、车站屏蔽门、电梯轿门等
	禁止推动	易于倾倒的装置或设备，如车站屏蔽门等
	禁止开启无线移动通讯设备	火灾、爆炸场所以及可能产生电磁干扰的场所，如加油站、飞行中的航天器、油库、化工装置区等

（2）警告标志

警告标志是用于提醒人们对周围环境引起注意，以避免可能发生的危险的图形标志。警告标志的基本型式是正三角形，安全色为黄色，图形符号的颜色为黑色。根据《安全标志及其使用导则》（GB 2894–2008），我国规定的警告标志共39个，部分常见警告标志及其名称、设置范围和地点的说明如表7-2所示。

表7-2 部分常见警告标志及其名称、设置范围和地点的说明

警告标志	名称	设置范围和地点
	注意安全	易造成人员伤害的场所及设备等
	当心烫伤	具有热源易造成伤害的作业地点，如冶炼、锻造、铸造、热处理车间等
	当心火灾	易发生火灾的危险场所，如可燃性物质的生产、储运、使用等地点
	当心中毒	剧毒品及有毒物质（GB 12268–2005中第6类第1项所规定的物质）的生产、储运及使用地点
	当心触电	有可能发生触电危险的电器设备和线路，如配电室、开关等

警告标志	名称	设置范围和地点
	当心高温表面	有灼烫物体表面的场所
	当心低温	易于导致冻伤的场所，如冷库、气化器表面、存在液化气体的场所等
	当心机械伤人	易发生机械卷入、轧压、碾压、剪切等机械伤害的作业地点
	当心吊物	有吊装设备作业的场所，如施工工地、港口、码头、仓库、车间等
	当心车辆	厂内车、人混合行走的路段，道路的拐角处，平交路口；车辆出入较多的厂房、车库等出入口
	当心障碍物	地面有障碍物，绊倒易造成伤害的地点

（3）指令标志

指令标志是强制人们必须做出某种动作或采用防范措施的图形标志。指令标志的基本型式是圆形边框，安全色为蓝色，图形符号的颜色为白色。根据《安全标志及其使用导则》（GB 2894-2008），我国规定的指令标志共16个，部分常见指令标志及其名称、设置范围和地点的说明如表7-3所示。

表7-3　部分常见指令标志及其名称、设置范围和地点的说明

指令标志	名称	设置范围和地点
	必须戴防护眼镜	对眼睛有伤害的各种作业场所和施工场所

指令标志	名称	设置范围和地点
	必须戴安全帽	头部易受外力伤害的作业场所，如矿山、建筑工地、伐木场、造船厂及起重吊装处等
	必须戴防尘口罩	具有粉尘的作业场所，如纺织清花车间、粉状物料拌料车间以及矿山凿岩处等
	必须戴防护手套	易伤害手部的作业场所，如具有腐蚀、污染、灼烫、冰冻及触电危险的作业等地点
	必须穿防护服	具有放射、微波、高温及其他须穿防护服的作业场所
	必须系安全带	易发生坠落危险的作业场所，如高处建筑、修理、安装等地点
	必须穿救生衣	易发生溺水的作业场所，如船舶、海上工程结构物等
	必须拔出插头	在设备维修、故障、长期停用、无人值守状态下
	必须接地	防雷、防静电场所

（4）提示标志

提示标志是用于向人们提供某种信息（如标明安全设施或场所等）的图形标志。提示标志的基本型式是正方形边框，安全色为绿色，图形符号的颜色为白色。根据《安全标志及其使用导则》（GB 2894–2008），我国规定的提示标志共8个。8个提示标志及其名称、设置范围和地点的说明如表7-4所示。

表7-4　8个提示标志及其名称、设置范围和地点的说明

提示标志	名称	设置范围和地点
	紧急出口	便于安全疏散的紧急出口处，与方向箭头结合设在通向紧急出口的通道、楼梯口等处
	避险处	铁路桥、公路桥、矿井及隧道内躲避危险的地点
	应急避难场所	在发生突发事件时用于容纳危险区域内疏散人员的场所，如公园、广场等
	可动火区	经有关部门划定的可使用明火的地点
	击碎板面	必须击开板面才能获得出口处
	急救点	设置现场急救仪器设备及药品的地点
	应急电话	安装应急电话的地点
	紧急医疗站	有医生的医疗救助场所

2．安全用电

不安全的用电行为可能引发触电伤害或火灾。为避免触电伤害及不安全用电行为引发的火灾，无论是在日常使用电器时，还是在生产实践中，大学生都必须注意用电安全。以下是安全用电的常识。

（1）严禁在宿舍走廊、洗漱间等地私拉乱接电线；严禁拆修宿舍楼内的配电设施；不使用电热杯、电磁炉、电热锅、电饭锅等违反宿舍安全管理规定的大功率电器或劣质电器等。

（2）不将电线缠绕在床铺上，不在灯具上拴蚊帐、晾晒衣物、悬挂装饰物；不用湿手触摸正在运行的电器，不用湿布擦拭正在运行的电器。

（3）发现正在运行的电器有冒烟、冒火花、发出异味等情况时，应立即切断电源，通风透气。

（4）进行生产劳动时，应落实用电安全管理制度，严格执行行业和企业的用电规定；具备必要的用电安全知识且考核合格后，再上岗作业；穿戴好劳动保护用品，熟悉触电急救的方法，结伴劳动，不单独作业。

（5）爱护电力设施，发现电线有损坏、裸露、漏电等情况时，应及时报告管理人员，等待专业人员的维修。

（6）养成良好的用电习惯，电器使用完毕后应拔掉电源插头。

◉ 案例阅读　　　　　　　　**违反安全作业规定的惨痛教训**

　　某建筑公司夜间进行混凝土地面施工，需用滚筒碾压抹平混凝土，但施工区域内有一活动操作台（用钢管扣件组装）影响碾压作业进行。于是，3名作业人员去推开操作台，但操作台因被电线挂住导致推不动，3人便使用钢管撬动操作台，以致电线绝缘层被损坏，造成漏电，进而导致操作台带电，3人当场触电身亡。

点评：这起安全事故的原因是多方面的。夜间施工，施工现场照明亮度要强，作业人员要及时发现各种触电隐患；用电设备一定要有漏电保护装置，当漏电保护装置跳闸时，不能强行合闸，应由电工查明原因、排除故障后再继续使用；任何外露的通电线路上严禁乱搭乱挂任何物件。这起安全事故造成的惨痛损失已无法挽回，但人们要从这起安全事故中吸取教训。在存在安全隐患时，劳动者要先排除安全隐患再谨慎作业，同时劳动者要具备一定的安全防范技能，这样才能对安全隐患做出正确的判断，有效保障自己的人身安全。

3．防止机械伤害

机械伤害也是劳动安全事故中常见的一类事故。大学生参加生产劳动时，需要做到以下内容，以防遭受机械伤害。

（1）必须执行有关安全生产、劳动保护的政策法令，以及有关规章制度。

（2）必须加强法治观念，做到"安全生产，人人有责；遵章守纪，保障安全"。

（3）必须经过专门培训，了解机械设备的基本结构、性能和用途，熟悉机械设备的操作方法和保养技术，做到会使用、会保养、会检查、会排除简单故障。

（4）必须集中精力工作，严肃认真，不得擅自离开工作岗位。

（5）在机械设备启动前、运行中和关闭时，都要随时检查操作环境。

4．火灾预防与扑救

火灾的发生往往猝不及防，它具有在转瞬之间吞噬一切的巨大威力。在劳动时发生火灾，不仅会影响劳动的正常进行，也会给劳动者的人身财产安全造成极大威胁。因此，为了自己和他人的人身和财产安全，大学生应掌握一定的消防安全知识，能够预防并扑救火灾。

（1）预防火灾

要预防火灾，首先要做好各项预防工作，防止发生火灾。因此，大学生在参与劳动时一定要做到以下内容。

① 严禁在劳动场所焚烧垃圾、吸烟。

② 使用电器设备时，如果发现插座温度过高、打火，插头与插座接触不良，插头过松或过紧等现象，应停止使用并维修或更换，以确保安全。

③ 超负荷运行、短路、接触不良，以及雷击、静电火花等都可能使电器设备出现爆炸，所以在使用电器设备时必须做好安全防护。

④ 必须经过防火教育后再进行专业劳动；进入易燃易爆场所时，必须穿戴好防静电服装鞋帽。

⑤ 使用明火前要做好火灾预防工作，且在使用时必须控制火源。

> **劳动大讲堂**
>
> 在日常生活和工作中，烟花爆竹、火柴、打火机、煤气罐、汽油桶、酒精、油漆、油墨等都是易燃易爆物。花露水、香水、指甲油、驱蚊水、杀虫剂、空气清新剂等物质也易引起火灾。人们在使用和存放易燃易爆物时，应注意避开火源、热源，轻拿轻放。在酷热的夏季，禁止将易燃易爆物直接置于阳光直射处。

（2）火灾扑救的基本方法

预防火灾的第二层含义是，一旦发生火灾，就应当及时、有效地进行扑救，防止火势扩大。火势初起或火势很小时，大学生要想办法灭火，防止火势进一步扩大。任何物质发生燃烧都必须具备3个条件：可燃物（如木材、纸张、酒精）、助燃物（如氧气）和火源（如明火）。缺少任何一个条件，燃烧都不能发生。根据物质燃烧原理，灭火方法主要包括隔离灭火法、窒息灭火法和冷却灭火法。

① 隔离灭火法

隔离灭火的要点是"移去可燃物"，即将正在燃烧的物质和周围未燃烧的物质隔离，中断可燃物的供给，使燃烧因缺少可燃物而停止。实施隔离灭火的具体方法：把着火物质附近的可燃物搬走；把正在燃烧的物质进行隔离；关闭可燃气体、液体管道的阀门，以阻止可燃物进入燃烧区。

② 窒息灭火法

窒息灭火法的要点是"隔绝氧气"，即阻止氧气流入燃烧区，或者用不燃物质降低空气中的氧气含量，使燃烧物因得不到足够的氧气而熄灭。实施窒息灭火的具体方法：将沙土、湿麻袋、湿棉被、湿棉毯等不燃或难燃物覆盖在燃烧物上；用水蒸气或氮气、二氧化碳等气体充入燃烧区域。

③ 冷却灭火法

冷却灭火法的要点是"降低温度"，可将灭火剂直接喷射到燃烧物上，将可燃物的温度降到燃点之下，使燃烧停止，也可将灭火剂喷射到火源附近的物质上，使其不变成新的火点。冷却灭火法是灭火的一种主要方法，常用水和二氧化碳作为灭火剂。

以上方法在实际应用中，往往是根据燃烧物、燃烧特点、火场具体情况及消防设备性能等，单独使用或并用，以达到迅速灭火的目的。

（3）灭火器的使用

除了掌握扑灭火灾的基本方法外，大学生还要掌握灭火器的正确使用方法，确保在发生火灾时，能够使用灭火器灭火。

灭火器是一种可由人力移动的轻便灭火器具，能在其内部压力的作用下将所充装的灭火剂喷出，以扑救火灾。目前，日常生活中常见的灭火器主要是手提式干粉灭火器（充装的灭火剂是干粉）和手提式二氧化碳灭火器（充装的灭火剂是二氧化碳）。

使用手提式干粉灭火器灭火时，操作者可手提灭火器快速奔赴火场，在距起火点3～5米处放下灭火器，拔下保险销，一只手握住喷射软管前端的喷嘴并对准火焰，另一只手用力压下压把。

操作者使用手提式干粉灭火器灭火时，应对准火焰扫射。对于呈流淌燃烧状态的火焰，操作

手提式干粉灭火器（左）●
手提式二氧化碳灭火器（右）●

者应对准火焰根部由近而远左右扫射，直至把火焰全部扑灭。对于在容器内燃烧的可燃液体，操作者应对准火焰根部左右晃动扫射，使喷射出的干粉覆盖整个容器开口，直至将火焰全部扑灭，其间不能将喷嘴直接对准液面喷射，以防干粉气流的冲击力使可燃液体溅出而扩大火势，增大灭火难度。

① 拔下保险销　② 握住喷嘴并对准火焰　③ 压下压把

手提式干粉灭火器操作示意图 ●

　　手提式二氧化碳灭火器与手提式干粉灭火器的使用方法相似，需要注意的是，操作者在使用没有喷射软管的手提式二氧化碳灭火器时，应把喇叭筒向上调整70°～90°。使用时，操作者不能直接用手抓住喇叭筒外壁或金属连线管，防止手被冻伤。当可燃液体呈流淌状燃烧时，操作者可使用手提式二氧化碳灭火器由近而远向火焰喷射灭火剂。当可燃液体在容器内燃烧时，操作者应将喇叭筒提起，从容器的一侧上部向容器中喷射灭火剂，但不能将喇叭筒直接对准液面喷射，以防将可燃液体溅出容器而扩大火势，增大灭火难度。使用手提式二氧化碳灭火器时应尽量避免吸入二氧化碳，特别是在室内或窄小空间使用手提式二氧化碳灭火器后，操作者应迅速离开，以防窒息。

（4）室内消火栓的使用

　　室内消火栓是除灭火器外另一种常见的灭火器材。操作者在使用室内消火栓时，首先打开或击碎箱门取出水带；然后将水带一头接在消火栓出水口上，另一头接上水枪；接着按下箱内消火栓启泵按钮；最后逆时针打开水阀开关进行灭火。需要注意的是，操作者在使用室内消火栓扑灭电器引发的火灾时要确定已切断电源。

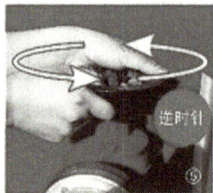

打开或击碎箱门，取出水带　　水带一头接在消火栓出水口上　　另一头接上水枪

按下箱内消火栓启泵按钮　　打开水阀开关　　进行灭火

室内消火栓的操作示意图 ●

（5）消防破拆工具的使用

　　消防破拆工具用于快速破拆、清除防盗窗栏杆等障碍物，包括消防斧、切割工具等。日常生活中，消防斧比较常见，它的形状类似于普通斧头，使用方法也差不多，可用来清理着火材料或易燃材料，以防止火势蔓延，或劈开被烧变形的门窗等，以解救被困的人。

劳动大讲堂

　　管理消防器材有3点要求。一是定点摆放，不能随意挪动；二是定期检查，以确保其处于良好状态，能够在紧急情况下正常使用；三是定人管理，经常检查消防器材，发现丢失、损坏应立即上报领导，及时补充，做到消防器材管理责任到人。

5．预防实验室安全事故

实验室是进行教学、科研的重要场所。为了培养大学生的实验操作能力，很多学校每年都会安排大量的实验课。然而，一些实验室中存放的易燃易爆物和腐蚀性的、有毒的化学试剂等都具有一定的危险性。实验中，稍有不慎，危险就可能降临到实验人员身上，轻则影响教学、科研进度，重则毁坏实验设备、技术资料，使实验功亏一篑，甚至会危及师生的身体健康与生命安全。因此，大学生必须高度重视实验室安全问题，要树立实验室安全意识，严格遵守实验室的安全规则，避免发生实验室安全事故，确保自己、他人的安全。

（1）实验室安全规则

为保证教学、科研进度，保护实验设备、技术资料和实验成果，保护师生的身体健康与生命安全，大学生务必严格遵守实验室安全规则，熟记保障实验安全的总体纲领，做到防患于未然。

① 实验开始前

一是了解并学会使用实验室配备的应急设施，熟悉消防通道的位置；二是详细了解实验内容，掌握实验操作方法及注意事项；三是确认实验材料、设备等是否存在危险，排除安全威胁后再做实验。

② 实验开始后

一是不将与实验无关的物品带进实验室，更不可在实验室内存放易燃易爆物；二是使用必要的防护用品，如戴好手套、戴好护目镜、穿好实验服等；三是远离实验室中已标识的潜在危险，除非得到充分的安全防护及安全许可；四是严格遵守实验室安全规定，有任何状况或疑问随时提出，切勿私自变更实验程序或违规操作；五是不随意打开或触摸与实验无关的试剂，不任意混合实验试剂，及时清理打翻的试剂等；六是在无人监管的情况下，不得离开实验岗位；七是虚心接受他人对自己不安全行为的提醒与纠正，且不得故意制造危险事件，不得蓄意伤害他人。

③ 实验结束后

一是全面清理实验室，包括关闭电源、水源、气源，处理残存的化学物质，清扫易燃的纸屑杂物等；二是对发现的实验室危险因素进行标识，并及时告知老师和实验室管理人员；三是与实验室其他成员共享自己的实验室安全知识与经验，帮助实验室其他成员提高安全风险防控能力。

👁 **案例阅读**　　　　　　　**实验操作不当引发火灾**

2024 年 5 月，成都市某高校实验室内突发火灾，火灾虽未造成人员伤亡，但实验室内部分设备遭受了损毁。

据了解，此次火灾的事发地点为该高校内的一个科研实验室。火灾发生时，实验室内正在进行一项涉及种子硝化的研究项目。学校安保部门在接到报警后，立即启动应急预案，组织消防力量进行扑救。火势得到了及时控制，未造成人员伤亡。然而，实验室内通风柜风机、石墨电热板等设备在火灾中被烧毁。

事故发生后，成都市消防部门迅速介入调查，经过对现场仔细勘查和询问相关人员，最终确定起火原因为种子硝化过程中产生的高温引燃了周围的可燃物，导致火势蔓延。据调查人员介绍，种子硝化过程中会产生大量热量，如果操作不当或安全措施不到位，极易引发火灾。

此次火灾不仅给学校造成了经济损失，也严重影响了相关科研项目的进度。学校方面表示，将深刻吸取此次安全事故的教训，加强实验室安全管理，完善安全制度，提高师生的安全意识。同时，学校还将对受损的实验设备进行修复或更换，确保科研工作的顺利进行。

为防止类似安全事故的再次发生，成都市消防部门也提醒各高校和科研机构，要高度重视实验室安全问题，加强日常巡查和隐患排查，确保实验室内的消防设施完好有效。此外，学校还应加强对师生的安全教育和培训，提高他们的应急处理能力。

点评：造成上述安全事故的原因有多个方面。首先，实验人员在进行种子硝化实验时，可能没有严格遵守操作规程，或者对实验过程中可能产生的危险没有足够的认识。其次，实验室可能缺乏必要的安全设施，如防爆柜、防火毯等，或者这些安全设施没有得到有效的使用和维护。最后，学校或科研机构对实验室安全管理的监管可能不够严格，导致一些安全隐患未能被及时发现和消除。实验室安全是科研工作中不可忽视的重要问题，大学生在参与实验时，必须时刻保持警惕，严格遵守操作规程，增强安全意识，使用安全设施，及时报告异常情况，并积极参加安全培训，以确保自己和他人的安全。

（2）实验室物品和仪器的安全管理

实验室物品、仪器是进行实验教学、提高教学质量不可缺少的工具，是学校的固定资产，实验室管理人员要对其加强管理。特别是对易燃、易爆、剧毒化学试剂和高压气瓶等要严格按有关规定领用、存放和保管。如果管理不当，就有中毒、爆炸等安全事故隐患。所以，大学生要了解并遵守实验室物品和仪器的安全管理规定，避免安全事故的发生。

① 实验室物品和仪器的日常保管

教师演示与学生实验所用物品和仪器等由任课教师提前提出使用计划，填写申请，列出所需物品、仪器，由实验室管理人员提前准备；对于实验室内各种仪器、试剂等，应根据它们的性质分类存放，做到存放整洁、取用方便、用后复原，同时要做好防火、防尘、防潮等工作；对于贵重器材，以及易燃、易爆、剧毒物品，要设置专室、专橱，由专人管理，并做好防护措施，防止发生意外；加强仪器保养及维修工作，做到保管与保养相结合，使仪器保持良好的状态，以延长仪器的使用寿命。

② 实验室物品和仪器的清点回收

实验结束后，实验室管理人员按任课教师所列物品、仪器进行清点回收，并记录物品、仪器的损耗情况，回收的物品、仪器和填写的记录由实验室管理人员留存，以备检查。

③ 实验室物品和仪器的防失防盗工作

实验室内物品、仪器等未经上级批准，一律不得外借；若借用则需办理手续、定期归还，并检查是否完好。学期结束后，实验室管理人员要全面清查实验室物品、仪器等，及时补充和修复，以保证满足教学需求。

6. 配备必要的个人防护用品

大学生在参加劳动时，为了得到足够的保护，应当根据不同的工种和场所，配备不同的个人防护用品。

（1）安全帽

安全帽是一种很重要的个人防护用品，是建筑工人、电工、矿工和地下工程人员等用来保护头部而戴的钢制或类似原料制成的浅圆顶帽子，广泛应用于冶金、建筑、林业、矿山、交通运输等行业中，以保证劳动者的生命安全。劳动者在选择安全帽时，需要根据工作环境和岗位，选购符合需求的安全帽。

佩戴安全帽 ●

（2）防护服

防护服是防御物理、化学和生物等外界因素对人体的伤害的工作服，它使劳动者能够安全有效地开展劳动任务。防护服具有抗渗透、透气性好、强力高、高耐静水压的特点，主要应用于工业、电子、医疗等行业，种类包括消防防护服、工业防护服、医用防护服、军用防护服和特殊人群使用防护服等。

（3）劳保鞋

劳保鞋是一种对足部有安全防护作用的鞋，可以有效保护劳动者的双脚不受钉子、木屑等锋利物体，危险化学药剂，高温等伤害，对于劳动者的安全有巨大的保护作用。根据防护性能的不同，劳保鞋有防静电鞋和导电鞋、绝缘鞋、防砸鞋、防酸碱鞋、防油鞋、防滑鞋、防刺穿鞋、防寒鞋、防水鞋等类型，劳动者应根据具体的劳动环境选择。

（4）安全带

安全带是一种用来固定和保护人体的装置，通常用于高空作业、登高爬架、工地施工等场合。它可以通过绑扎将劳动者与工作场所连接起来，以防止意外坠落，保证劳动者的安全。正确佩戴安全带可以提供额外的保护措施，大大降低高空作业等危险工作中的风险。劳动者在使用安全带时，应确保其材料结实耐用、锁扣可靠，并按照正确的方式进行佩戴和调整，以确保安全带发挥作用。

（5）劳保手套

劳保手套是在劳动过程中对手部进行保护的手套，具备非常好的安全防护功效。劳保手套材质多样，有以皮革、

劳保手套可以有效保护手部 ●

绒布、帆布等材料制成的，也有以皮或皮布结合材料缝制而成的。根据功能的不同，劳保手套可以分为通用型劳保手套、防割手套、防震手套、防滑手套、耐低温手套、耐酸碱手套、防静电手套、绝缘手套等，劳动者应根据所处的劳动环境选择。

（6）护目镜

护目镜可以起到防护眼睛免受机械性伤害、化学灼伤、辐射伤害、飞溅物伤害的作用。护目镜有很多种类型，如防尘护目镜、防冲击护目镜、防化学护目镜、运动护目镜等，不同类型的护目镜适用于不同的劳动环境。

（7）防护面罩

防护面罩可以防护眼睛和面部免受粉尘、化学物质、热气、毒气、飞溅物等伤害。防护面罩分为焊接面罩、防冲击面罩、防辐射面罩、防烟尘毒气面罩和隔热面罩等，具体功能不同，劳动者应根据所处的劳动环境选择。

（8）呼吸器

呼吸器是一种隔绝式呼吸保护装备，主要应用在应急救援中，用来保护使用者的呼吸系统不受损害，供救援人员在烟雾、毒气、粉尘或缺氧的环境中安全有效地进行灭火、抢险和救援工作。

7．掌握一般救护常识

大学生若能掌握一些救护常识，在危急关头就能做到沉着冷静、临危不乱，就地取材，采取有效的救护措施，既能保障自身安全，又能救护他人。急救的首要任务是抢救生命、减少患者痛苦、避免伤情加重及发生并发症，迅速地把患者转送到医院。

（1）中暑的急救处理

中暑是指高温环境下，人体体温调节中枢功能障碍或汗腺功能衰竭，以及水、电解质丢失过多而导致的疾病，患者可能出现大汗、头痛、头晕、意识丧失等症状。处理中暑的一般急救措施如下。

①将患者转移到阴凉通风的地方，如走廊、树荫下，避免其继续暴露在高温环境中。

②迅速脱去或解松患者身上的衣服，使患者保持呼吸畅通。

③用凉的湿毛巾湿敷患者前额和躯干，帮助患者降低体温。

④让患者少量多次饮用淡盐水。

⑤若患者病情无好转，应送医院急救。对于意识不清的重度中暑患者，施救者应立即将其送医院急救。

（2）触电的急救处理

发生触电时，施救者要在确保自身安全的情况下，立即切断电源，然后施救。无法切断电源时，可以用木棒等不导电物体使触电者尽快脱离电源。未切断电源之前，施救者一定不能用手直接去拉触电者，不能因救人心切而忘了自身安全。若触电者神志清醒，呼吸心跳均自主，应让触电者就地平卧，暂时不要站立或走动，防止继发休克或心衰。

触电事故发生后，现场的急救是救治触电者的关键，对于触电者的急救应分秒必争。当触电者丧失意识时要立即呼叫救护车，并尝试唤醒触电者。针对呼吸停止、心搏存在者，施救者应将其就地平卧解松衣扣，通畅气道，立即对其实施口对口人工呼吸。针对心搏停止、呼吸存在的触电者，施救者应立即做胸外心脏按压。针对呼吸、心跳停止的触电者，施救者一方面应通过心肺复苏进行抢救，另一方面应紧急联系医院，就近送病人去医院做进一步治疗。在转送病人去医院途中，抢救工作不能中断。

　　心肺复苏（Cardiopulmonary Resuscitation，CPR）是针对呼吸、心跳停止的患者的一种急救措施，以试图使患者恢复自主的呼吸和心跳。及时进行心肺复苏可以提高患者的生存率，并为其获得进一步的医疗救治争取宝贵的时间。心肺复苏的3项基本措施是通畅气道、人工呼吸和胸外心脏按压。通常只有接受过此方面训练的人员才可以为他人实施心肺复苏，建议在实际操作前接受相关的急救培训，以获得更准确、专业的指导。

（3）烧伤的应急处理

烧伤的应急处理关键在于使患者迅速脱离现场，转移到安全的地方；施救者在将患者送往医院之前，应迅速为患者进行必要的急救处理。对于热力烧伤，包括火焰、蒸气、高温液体、金属等造成的烧伤，一般处理措施如下。

① 脱去着火或被沸液浸湿的衣物，特别是化纤衣物，以免火势加大或衣服上的热液继续起作用，或用水将火浇灭、就地打滚压灭火焰。

② 立即离开密闭和通风不良的现场，以免发生吸入性损伤和窒息。

③ 进行冷疗，并及时送往医院救治。

对于化学物品造成的酸碱烧伤，严重程度除与酸碱的性质和浓度有关外，还与接触时间有关。因此无论何种酸碱烧伤，均应立即用大量清水冲洗，冲洗时间一般在30分钟以上，这一方面可以冲淡和清除残留的酸碱，另一方面也可以减轻患者的疼痛。注意用水量应足够大，以保证能迅速将残余酸碱从创面冲尽。

（4）烫伤的应急处理

烫伤的应急处理关键在于使患者迅速脱离现场，转移到安全的地方；施救者在将患者送往医院之前，应迅速为患者进行必要的急救处理。一般处理措施如下。

① 立即除去衣物、脱离热源，注意动作要轻，千万不要将皮肤搓破。

② 尽快用自来水冲洗患处15 ~ 20分钟。

③ 再用干净毛巾包好，送到医院治疗。

在清洗患处后，如果水疱没破，千万不要挑破水疱，因为破损的皮肤可能会引起感染。如果是手、脚烫伤，可将患肢抬起，高于心脏位置。如果是眼睛受伤，应先用水清洗5分钟，然后立即送去医院，千万不要随便涂抹药品，以免使患处的伤情更严重。

（5）火灾逃生自救

当火灾发生、火势凶猛时，如果在当前条件下已无法对火灾进行扑救，就要迅速撤离。火灾逃生自救要记住4个要点，即果断迅速逃离火场、寻找逃生之路、防烟熏、等待他救。

① **果断迅速逃离火场**

当火灾发生时，如果火势凶猛，当前条件下已无法对火灾进行扑救，被烟火围困人员就要迅速撤离，火场避险的基本原则是趋利避害、逃生第一。在火场中，人的生命是最重要的，不要因害羞或顾及贵重物品，把宝贵的逃生时间浪费在穿衣服或寻找、搬运贵重物品上。已逃离火场的人，千万不要重返险地。

②寻找逃生之路

撤离火场时，被烟火围困人员要迅速判断危险地点和安全地点，一般来说，在火势蔓延之前，应朝逆风方向快速离开火灾区域；当发生火灾的楼层在自己所处楼层之上时，被烟火围困人员应迅速向楼下跑；在遇到火灾时，不可乘坐电梯，因为电梯会断电或变形，要选择相对安全的楼梯；三层以下的楼房，被烟火围困人员可尝试利用身边的绳索、床单、窗帘、衣服等自制简易救生绳，将其用水打湿后，紧拴在窗框、暖气管等固定物上，从窗口逃生。

③防烟熏

火灾造成人员伤亡的主要原因之一是浓烟所致的窒息。因此，火场逃生通过浓烟区时，可用湿毛巾等捂住口鼻，匍匐撤离，以防中毒、窒息。另外，被烟火围困人员也可以向头部、身上浇冷水，或用湿毛巾、湿毯子等将头、身裹好后再冲出去。

④等待他救

被烟火围困暂时无法逃离时，被烟火围困人员可通过打手电筒、挥舞鲜艳衣物、呼叫等方式向外面发送求救信号，便于消防人员寻找、

火灾发生后，用湿毛巾捂住口鼻从楼梯逃生 ●

营救。在因窒息失去自救能力时，被烟火围困人员应努力滚到墙边，便于消防人员寻找、营救，因为消防人员进入室内大都是沿墙壁摸索着行进的。假如用手摸房门已感到烫手，此时一旦开门，火焰与浓烟势必迎面扑来，这时被烟火围困人员首先应关紧迎火的门窗，打开背火的门窗，用湿毛巾、湿布等塞住门缝，防止烟火渗入，然后不停用水淋湿房间内的可燃物，固守房间，等待救援。

（6）止血

当看见伤者伤口流血，最常做的急救动作就是用手按住出血区，这就是压迫止血法。压迫止血法分两种：直接压迫伤口止血法和指压止血法。

①直接压迫伤口止血法

直接压迫伤口止血法适用于较小伤口的出血，可以用干净纱布、清洁的毛巾、衣物等直接按在受伤出血的部位以达到止血目的。

②指压止血法

指压止血法适用于头部和四肢某些部位的动脉出血，方法是用手指压在伤口近心端的动脉上，将动脉压向深部的骨头，从而阻断血液流通，以达到止血目的。需要注意的是，我们在找压迫点时要用食指或无名指，

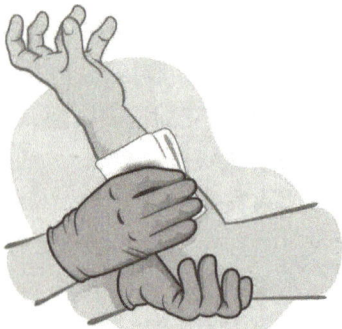

指压止血法 ●

不要用拇指，因为拇指中央有粗大的动脉，容易造成误判断。当找到动脉压迫点后，再换拇指按压或几个指头同时按压。

（7）包扎

包扎是最基本的急救处理办法之一，常用于一般烧烫伤、普通外伤及动物抓咬伤等情况。及时正确的包扎可以起到压迫止血、减少感染、保护伤口、减少疼痛，以及固定敷料和夹板等作用。包扎材料以绷带和三角巾较为常见，现场急救时，如没有专用的绷带和三角巾，则可撕剪衣物、床单等。

常用的应急包扎方法主要是绷带包扎法和三角巾包扎法。

① 绷带包扎法

绷带包扎法中最常用的方法是绷带环形法，一般适用于包扎清洁后的小创口，还适用于包扎颈部、头部、腿部及胸腹等处的伤口。其具体方法为：绷带的第一圈环绕呈斜状，第二圈、第三圈呈环形，并将第一圈斜出的一角压于环形圈内，这样固定更牢靠；最后用粘膏将绷带尾部固定，或将绷带尾部剪开成两头并打结。

② 三角巾包扎法

三角巾包扎法适用于较大创面、固定夹板、手臂悬吊等情况。如包扎头部创面时，要先将三角巾底边折叠，把三角巾底边放于前额，再拉到脑后，相交后先打一半结，再绕至前额打结；包扎手臂悬吊时，要使患肢呈屈肘状放在三角巾上，然后将三角巾底边一角绕过肩部，在背后打结，即成悬臂状。三角巾包扎法的要点是边要固定、角要拉紧、中心伸展、敷料贴紧、包扎贴实、要打方结、打结要牢、防止滑脱。

需要注意的是，包扎前清洁、消毒伤口时，如有大而易取出的异物，可酌情取出；切勿勉强取出深且小又不易取出的异物，以免把细菌带入伤口或增加出血量。如有刺入体腔或血管附近的异物，切不可轻率地拔出，以免损伤血管或内脏。另外，施救者应使用干净无污染的材料包扎，包扎动作要迅速准确，不能造成伤口污染、加重伤员的疼痛或加重出血，如内脏脱出，不应送回，以免引起严重的感染或发生其他意外。在烧烫伤中，如有大面积的深度烧伤创面，或包扎后对防治感染不利的情况，特别是在炎热季节，则不宜进行包扎处理。

• **课堂讨论** ·

讨论主题：怎样提高安全防范技能？

讨论内容：

（1）你在生活中看到过哪些安全标志？你知道这些安全标志的含义吗？

（2）举例说明劳动中有哪些不安全的用电行为？如何杜绝这些行为？

（3）在日常生活和劳动中预防火灾的要点是什么？

（4）实验人员预防实验室安全事故的要点是什么？

（5）你认为哪些急救知识十分有用？

7.1.3　劳动权益保护

在就业市场中，大学生要想顺利就业、成功就业，就要增强自我保护意识和法律意识，必要时懂得并勇于拿起法律武器来保护自己的合法权益。

1. 防范就业陷阱

一些企业抓住了大学生求职心切的心理，故意设置就业陷阱，引诱大学生上当受骗。部分大学生由于缺乏社会经验，往往忽视对自身合法权益的保护。对此，一方面大学生要有风险意识，提升辨识就业陷阱的能力，避免上当受骗。另一方面，大学生一旦在就业过程中个人权益受到侵害，要敢于拿起法律武器来维护自身权益，不给违法分子以可乘之机。

我们下面列举一些常见的就业陷阱，以帮助大学生更好地识别与防范就业陷阱。

（1）虚假广告陷阱

一些用人单位为了招聘到条件较好的大学生，往往进行虚假宣传，包括夸大单位资质、美化招聘职位等。例如，在发布招聘信息时，用人单位夸大自己的规模和岗位数量；或者把招聘职位写得级别很高，不是"经理"就是"总监"，但实际上却只是"办事员""业务员"。这类招聘信息一般很简单，涉及细节方面的信息都不明确，如没有岗位职责和应聘条件等。因此，大学生在应聘时要提前了解职位的具体内容，询问工作细节，认真考虑后再做打算。

（2）低门槛、高薪招聘陷阱

如果出现一个不熟悉的、愿意提供高薪酬并且招聘要求不高的单位，大学生一定要警惕，因为不少不法人员打着高薪待遇的幌子，企图以押金、培训费、服装费等名义骗取大学生的钱财。

在当前的就业形势下，大学生千万不要轻信高薪诱惑，要清楚认识自身实力，要敢于从基层做起。对于某些用人单位提出的所谓押金、培训费、服装费等要敢于说"不"。

凡应聘时用人单位提出收取服装费、押金，或以其他方式变相收钱的行为，都是违法的，大学生应向劳动监察部门举报。另外，大学生遭遇诈骗后要及时报案，否则不仅本人的损失难以挽回，还会让诈骗者逍遥法外，导致更多人受骗。

（3）中介陷阱

通过中介寻找就业单位不失为一种有效的求职途径，但是大学生一定要选择政府主办的或社会信誉好的大型人才中介机构。

一些不知名的人才中介机构的场地往往设施简陋，而且无正规的工作人员。这种中介很可能在大学生缴纳数目不菲的中介费后，列出种种理由来推诿，从而骗取大学生的钱财。

（4）"皮包公司"陷阱

如果大学生接到一些自己并不熟悉或者并未投递简历的公司的面试通知，应该事先向有关部门咨询、核实该公司的真实情况，并通过互联网搜索该公司的网站或相关信息，确定其规模与用人需求，然后再去面试。

（5）无偿占用劳动成果陷阱

无偿占用劳动成果陷阱指以招聘为名，无偿占有求职者的广告设计、策划方案等创意成果，甚至知识产权等无形资产的现象。例如，某些用人单位按程序对前来应聘的大学生进行面试和笔试，在面试、笔试时，故意要求大学生解决本单位遇到的问题，待大学生利用自己的专业优势给出解决方案后，再找各种理由拒绝录用。此时，用人单位就理所当然地将大学生的劳动成果据为己有。

2．签订劳动合同

《中华人民共和国劳动合同法》（以下简称《劳动合同法》）第十条规定："建立劳动关系，应当订立书面劳动合同。"签订劳动合同对于用人单位而言，是应尽的义务；对于劳动者而言，是应享有的权利。劳动者和用人单位签订劳动合同时，双方应遵循合法、公平、平等自愿、协商一致、诚实信用的原则。

劳动合同是对劳动者非常重要的法律文件。大学生要想在就业过程中保障自己的权益，就需要与用人单位建立有保障的劳动关系。这种劳动关系本质上是一种合同契约关系，而这种合同契约关系主要是靠与用人单位签订的劳动合同来调整和规范的。劳动合同是确立劳动关系的法律依据。没有劳动合同，大学生开展相关维权行动将会很困难。

《劳动合同法》几乎涉及就业的所有权益，下面介绍几项与高校毕业生就业密切相关的内容。

（1）用人单位不得要求劳动者提供担保或向劳动者收取财物

某些不正规的用人单位在招聘或录用人员过程中，为谋取钱财，向求职者收取招聘费、培训费、押金、服装费及要求必须扣押证件等，这些行为在《劳动合同法》中都是被禁止的。

同时，《劳动合同法》第八十四条规定："用人单位违反本法规定，扣押劳动者居民身份证等证件的，由劳动行政部门责令限期退还劳动者本人，并依照有关法律规定给予处罚。用人单位违反本法规定，以担保或者其他名义向劳动者收取财物的，由劳动行政部门责令限期退还劳动者本人，并以每人五百元以上二千元以下的标准处以罚款；给劳动者造成损害的，应当承担赔偿责任。"

（2）约定试用期

试用期指用人单位和劳动者为相互了解和选择，在劳动合同中约定的不超过六个月的考察期。劳动合同中的试用期不是必备条款，而是约定条款，是否约定由劳动者和用人单位协商确定。但是，如果双方约定试用期，就必须遵守有关规定。根据《劳动合同法》，在劳动合同中约定试用期应当遵守如下规定。

① 劳动合同期限三个月以上不满一年的，试用期不得超过一个月；劳动合同期限一年以上不满三年的，试用期不得超过二个月；三年以上固定期限和无固定期限的劳动合同，试用期不得超过六个月。

② 同一用人单位与同一劳动者只能约定一次试用期。

③ 以完成一定工作任务为期限的劳动合同或者劳动合同期限不满三个月的，不得约

定试用期。

④ 试用期包含在劳动合同期限内。劳动合同仅约定试用期的，试用期不成立，该期限为劳动合同期限。

⑤ 劳动者在试用期的工资不得低于本单位相同岗位最低档工资或者劳动合同约定工资的百分之八十，并不得低于用人单位所在地的最低工资标准。

⑥ 用人单位违反本法规定与劳动者约定试用期的，由劳动行政部门责令改正；违法约定的试用期已经履行的，由用人单位以劳动者试用期满月工资为标准，按已经履行的超过法定试用期的期间向劳动者支付赔偿金。

（3）用人单位可解除劳动合同的情况

《劳动合同法》第四十条规定："有下列情形之一的，用人单位提前三十日以书面形式通知劳动者本人或者额外支付劳动者一个月工资后，可以解除劳动合同。"

① 劳动者患病或者非因工负伤，在规定的医疗期满后不能从事原工作，也不能从事由用人单位另行安排的工作的。

② 劳动者不能胜任工作，经过培训或者调整工作岗位，仍不能胜任工作的。

③ 劳动合同订立时所依据的客观情况发生重大变化，致使劳动合同无法履行，经用人单位与劳动者协商，未能就变更劳动合同内容达成协议的。

（4）用人单位不可解除劳动合同的情况

《劳动合同法》第四十二条规定："劳动者有下列情形之一的，用人单位不得依照本法第四十条、第四十一条的规定解除劳动合同"。

① 从事接触职业病危害作业的劳动者未进行离岗前职业健康检查，或者疑似职业病病人在诊断或者医学观察期间的。

② 在本单位患职业病或者因工负伤并被确认丧失或者部分丧失劳动能力的。

③ 患病或者非因工负伤，在规定的医疗期内的。

④ 女职工在孕期、产期、哺乳期的。

⑤ 在本单位连续工作满十五年，且距法定退休年龄不足五年的。

⑥ 法律、行政法规规定的其他情形。

（5）用人单位应支付经济补偿的情况

《劳动合同法》第四十六条规定："有下列情形之一的，用人单位应当向劳动者支付经济补偿"。

① 劳动者依照本法第三十八条规定解除劳动合同的。

② 用人单位依照本法第三十六条规定向劳动者提出解除劳动合同并与劳动者协商一致解除劳动合同的。

③ 用人单位依照本法第四十条规定解除劳动合同的。

④ 用人单位依照本法第四十一条第一款规定解除劳动合同的。

⑤ 除用人单位维持或者提高劳动合同约定条件续订劳动合同，劳动者不同意续订的情形外，依照本法第四十四条第一项规定终止固定期限劳动合同的。

⑥ 依照本法第四十四条第四项、第五项规定终止劳动合同的。

⑦ 法律、行政法规规定的其他情形。

总体来说，除了劳动者出于个人原因主动辞职，或个人不满足岗位需求、违法乱纪外，因用人单位的情况，如经营不善倒闭、随意解除劳动合同，用人单位都应支付经济补偿。经济补偿的金额按劳动者在本单位工作的年限而定，主要有3种情况。

① 每满一年向劳动者支付一个月工资；

② 六个月以上不满一年的，按一年计算；

③ 不满六个月的，向劳动者支付半个月工资。

3．劳动争议解决方法

劳动争议一般包括因劳动合同发生的争议，因辞退与离职发生的争议，因工资、保险、福利等发生的争议。劳动争议发生后，当事人可向相关部门申请调解。调解不成的，当事人可向当地的劳动争议仲裁委员会申请仲裁。

（1）协商和调解

劳动争议发生后，首先双方本着互谅互让的积极态度，自行协商解决，也可以请第三方（即双方信任的个人或组织）帮助协商，达成调解协议。如果双方不愿协商、协商不成或达成调解协议后不履行的，可向本单位劳动争议调解委员会、地方劳动争议调解组织申请调解。

使用协商和调解方式解决劳动争议，具有简单方便、灵活快捷等优势，能够及时有效地维护当事人的合法权益，是解决劳动争议的最佳方式。

（2）仲裁

劳动争议发生后，当事人的任何一方都可在劳动争议发生之日起六十日内向劳动争议仲裁委员会申请仲裁，并提出书面申请。劳动争议仲裁委员会决定受理的，自收到仲裁申请之日起六十日内作出仲裁裁决。

劳动争议仲裁委员会可依法进行调解，经调解达成调解协议的，制定仲裁调解书。仲裁调解书具有法律效力，当事人必须自觉履行，如一方当事人不履行，另一方当事人可向人民法院申请强制执行。

（3）诉讼

诉讼是解决劳动争议的最后一道程序。如当事人对劳动争议仲裁委员会作出的仲裁裁决不服，可自收到仲裁裁决书之日起十五日内向人民法院提起诉讼。逾期不起诉的，仲裁裁决将产生法律效力。人民法院审理劳动争议案件有以下5个条件。

① 起诉人必须是劳动争议的当事人。当事人因故不能起诉的，可以委托代理人代为起诉，其他人员无权起诉。

② 必须有明确的被告。

③ 必须有具体的诉讼请求和事实根据。

④ 必须是不服劳动争议仲裁委员会仲裁裁决而向人民法院起诉，未经仲裁程序不得直接向人民法院起诉。

⑤ 起诉的时间，必须在法律规定的时效内，否则不予受理。

● 课堂讨论 ···

讨论主题：怎样保护劳动权益？

讨论内容：

（1）防范就业陷阱的关键是什么？

（2）你了解劳动合同吗？签订劳动合同对劳动者而言有哪些好处？

（3）自身的合法劳动权益受到侵害，有必要通过法律途径维护合法权益吗？

7.2　劳动卫生

大学生在参与劳动的过程中应该重视劳动卫生，它是保障大学生身心健康的基础。健康的身体是大学生学习和生活的基本保障，没有健康的身体，一切将无从谈起。因此，大学生不仅要从个人方面做好保障身体健康的措施，还需在劳动中保持良好的劳动环境，以维护自己的身心健康。

微课：劳动卫生

7.2.1　个人清洁卫生

在劳动中，个人清洁卫生是非常重要的，它不仅有助于劳动者保持个人的身体健康和良好的职业形象，还可以维护良好的工作场所卫生，以避免疾病传播，使劳动者保持良好的工作状态。

1．劳动前的个人卫生防护

开始劳动前，劳动者应注意做好个人卫生防护。

（1）修剪指甲

劳动者在劳动前，应定期修剪指甲。这一方面可以保持指甲短而干净，防止细菌藏匿。另一方面也可以有效避免在劳动时因指甲断裂而造成伤害。

（2）使用防护用品

劳动者在劳动前应根据不同的劳动内容，佩戴合适的防护用品，如手套、口罩、安全帽等，以减少与有害物质的直接接触。

2．劳动过程中的卫生防护

劳动者在劳动过程中有时会因为过于专注，疏忽了对个人卫生的防护。以下为一些在劳动时关于卫生防护的建议。

（1）避免交叉污染

在处理不同物品时，劳动者应尽量避免交叉使用工具或容器，以防止细菌或污染物传播。

（2）注意通风

劳动者在密闭环境中劳动时，应确保有足够的通风条件，以减少有害物质的积聚。

（3）及时清理垃圾

劳动者在劳动过程中应及时清理产生的各种垃圾，防止垃圾堆积引发细菌滋生，影响工作环境卫生，进而避免对周边环境造成污染，确保劳动场所的整洁与安全。

3. 劳动后的清洁与消毒

劳动结束后，劳动者应重视清洁与消毒的环节，让个人卫生得到有效保障。

（1）清洗工具和设备

劳动结束后，劳动者应及时清洗使用过的工具和设备并进行彻底消毒，确保无细菌残留，从而保障劳动场所的卫生安全，维护良好的生产作业环境。

（2）更换衣物

劳动结束后，劳动者应及时更换上干净的衣物，以防止劳动过程中沾染的污垢、细菌等被带入生活区域，保护自己与家人免受潜在的健康威胁，确保居家环境的清洁卫生。

（3）清洁身体

如果劳动者在劳动过程中身体出汗较多或接触到有害物质，应及时清洗身体，尤其是头发、面部、手部等暴露区域。

（4）清洁劳动区域

劳动结束后，劳动者应对劳动区域进行清洁和消毒，以保持环境整洁和卫生。

• 〔课堂讨论〕 ∘∘∘∘∘∘∘∘∘∘∘∘∘∘∘∘∘∘∘∘∘∘∘∘∘∘∘∘∘∘∘∘∘∘∘∘∘∘

讨论主题：如何做好个人清洁卫生？

讨论内容：

（1）你认为劳动前如何做好个人卫生防护？

（2）你认为劳动后如何及时做好个人清洁卫生？

7.2.2 警惕职业病

职业病是指企业、事业单位和个体经济组织的劳动者在职业活动中，因接触粉尘、放射性物质和其他有毒、有害物质等因素而引起的疾病。这里所说的职业病还包括因不良劳动习惯而导致身体出现的各种疾病。

1. 职业病的危害

职业病的危害较大，包括影响劳动者的身体健康、增加劳动者的心理负担、影响劳动者的正常工作与生活以及造成恶劣的社会影响等。

（1）影响劳动者的身体健康

职业病可能会对劳动者的身体健康造成一定的影响，导致劳动者的免疫力下降，容易受到细菌、病毒等病原体的感染，从而引起感染性疾病。严重的职业病还可能会导致器官功能衰竭，对劳动者的身体健康造成重大影响。

（2）增加劳动者的心理负担

职业病可能会导致劳动者出现焦虑、紧张、抑郁等不良情绪，加重劳动者的心理负担，不利于疾病的恢复。

（3）影响劳动者的正常工作、生活

职业病可能会使劳动者出现头晕、头痛、记忆力减退、失眠、关节疼痛等症状，这会对患者的工作和生活造成一定的影响。

（4）造成恶劣的社会影响

职业性疾患是影响劳动者身体健康、导致劳动者过早失去劳动能力的主要因素，职业性疾患往往会造成恶劣的社会影响及严重的经济损失。

2．中毒类职业病

中毒类职业病即职业中毒，是指劳动者在劳动过程中由于接触各种毒物而引起的中毒，如各种有毒金属（如铅、汞、锰等）、有害气体（如氯气、二氧化硫等）、有毒的有机化合物（如甲苯、二甲苯、正乙烷等）。为避免出现中毒类职业病，企业方面需要加强职业卫生管理，健全职业病防治责任制，及时发现和处理职业中毒隐患。劳动者方面，务必做好个人防护，包括穿戴必要的个人防护用品，如防毒口罩、防护服等，同时遵守安全规定，不在车间饮水、进食等。

3．习惯类职业病

习惯类职业病通常指的是由于长期形成的工作习惯或职业行为模式，对个体身心健康产生负面影响的职业病。这类职业病多是由于劳动者长期保持一种姿势进行劳动所致，如司机长时间开车、职员长时间坐着办公等，这种长时间的不良习惯往往会导致颈椎、腰椎、视力等出现问题。预防这类职业病，最重要的就是适当锻炼，并放松心情，适当休息，做到劳逸结合。

加强锻炼，防止因久坐等而产生疾病 ●

● **课堂讨论** ∙∙∙

讨论主题：职业病预防。

讨论内容：

（1）如何预防中毒类职业病？

（2）如何预防习惯类职业病？

7.2.3 整理劳动场所

劳动场所不仅是劳动者参加劳动的地方，也是各种设备、物资放置的地方。如果劳动场所的状况不理想，不仅会影响生产效率、工作质量，也容易影响劳动者的身体健康。整理劳动场所是提高工作效率、确保工作安全以及营造良好工作氛围的重要措施。以下是一些整理劳动场所的建议。

（1）安全检查

进行安全检查是预防安全事故的关键。例如，确保所有设备符合国家安全标准，有效防范电气火灾、机械伤害等安全隐患；检查电线和插头是否安全无裸露，规避触电风险；确保紧急出口畅通无阻，安全标志清晰可见，以便在紧急情况下迅速疏散；检查消防设备是否完好，以便在火灾初期有效控制火势，保护劳动者生命安全。

（2）清理杂物

清理工作场所的杂物，是提高工作效率和保障安全的基础。清除不必要的物品，保持通道畅通，降低绊倒和碰撞的风险；妥善处理废料和垃圾，分类回收，不仅环保还能节约资源；归档或丢弃过时的文件，保持工作台整洁，避免信息混乱，提高工作效率。

志愿者在整理劳动场所 ●

（3）物品归位

将工具、设备和材料归位到指定存放区域，有助于维护工作场所的秩序。使用标签和货架系统，便于查找和归位，减少寻找物品的时间，提高工作效率。

（4）空间优化

重新规划工作区域，提高空间利用率，使工作环境更加舒适。常用物品应放置在容易获取的位置，减少不必要的移动，提高工作效率，同时避免频繁移动导致的身体疲劳。

（5）环境美化

营造一个舒适、美观的工作环境，能提升劳动者的工作满意度和幸福感。适当摆放绿植，不仅能美化环境，还能提高工作场所的空气质量，减少空气污染对劳动者健康的影响。

（6）定期检查与维护

定期对工作场所进行检查，以便及时发现并解决问题，防止小问题演变成大问题。对设备进行定期维护，确保其正常运行，以延长设备使用寿命，同时也有助于保障劳动者的安全。

● 课堂讨论 ···

讨论主题：如何整理劳动场所？

讨论内容：

　　（1）在劳动后，你会主动打扫劳动场所吗？

　　（2）在打扫劳动场所时，你最看重的是什么？

7.2.4　处理"三废"

"三废"处理是指对废水、废气、废固体进行科学、有效的处理，以减少对环境的污染和资源的浪费。大学生应当对处理"三废"的方法有所了解，以便在以后的生活、学习和工作中遇到"三废"时能够及时处理或向有关组织提出有价值的建议。

1.废水处理

废水处理是指对生产和生活废水进行处理，目的是将其中的污染物质分离出来或转化为无害物质，从而使废水得到净化。废水处理的方法主要包括以下几种。

（1）物理方法

物理方法主要依赖物理原理来去除废水中的杂质。例如，沉淀法利用重力作用使废水中重于水的固体物质下沉到底部；过滤法通过过滤介质（如砂、活性炭等）截留废水中的悬浮物和胶体；离心分离法利用离心力将废水中的悬浮物分离出来；浮选（气浮）法利用气泡的粘附作用去除废水中的微小颗粒；机械阻留法通过筛网等设备阻挡大颗粒物质；隔油法专门用于去除废水中的油脂；萃取法利用溶剂选择性提取废水中的特定成分；等等。

（2）化学方法

化学方法通过化学反应来分离、去除废水中的污染物或改变废水中有害物质的性质，使其转化为无害物质。例如，混凝沉淀法通过添加混凝剂使废水中的微小颗粒聚集成大颗粒，便于沉淀去除；中和法用于调节废水的酸碱度，使其达到排放标准；氧化还原法通过氧化剂或还原剂的作用，使废水中有害物质被氧化或被还原，从而使有害物质转变为无害的新物质；电解法利用电流作用在电极上产生化学反应，去除废水中的污染物。

（3）生物方法

生物方法利用微生物的代谢作用，将废水中的有机物质转化为稳定的无机物质。例如，活性污泥法通过活性污泥中的微生物群体降解废水中的有机物；生物膜法是指在载体表面形成生物膜，利用膜上的微生物降解有机物；氧化塘法利用水塘中微生物和植物的共同作用，降解废水中的有机物。

2.废气处理

废气处理是指对工业生产过程中产生的各种废气进行净化处理，以防止其污染大气环境。废气处理的方法主要包括以下几种。

（1）冷凝法

冷凝法主要依赖于蒸汽冷却凝结的原理，通过降低废气的温度，使其中含有的高浓度气态污染物凝结成液态，从而实现回收与分离。这种方法特别适用于处理含有大量可凝结成分的废气。

（2）燃烧法

燃烧法利用某些废气中污染物可以燃烧氧化的特性，通过燃烧将废气中的污染物转化为二氧化碳和水等无害物质，从而实现废气的净化处理。

（3）吸收法

吸收法利用废气中的有害物质在某些溶剂中具有较高的溶解度的特性，通过让废气与这些溶剂充分接触，使有害物质被溶剂吸收，从而实现气体的净化。这种方法的关键在于选择合适的溶剂，以确保吸收效率和处理效果。

（4）吸附法

吸附法则是通过让废气与多孔性固体（吸附剂）进行接触，使用吸附剂对废气中的有害物质进行吸附，从而达到分离污染物的目的。常见的吸附剂有活性炭、分子筛、硅胶等，它们具有较好的吸附性能。

（5）催化剂法

催化剂法是在废气处理过程中引入特定的催化剂，加速污染物的转化过程。通过催化作用，废气中的污染物可以被转化为无害的化合物，或者转化为比原来存在状态更易通过其他方法除去的状态，进而实现废气的有效净化。

3．废固体处理

废固体处理是指对各种固体废物进行处理和处置，以减少其对环境的污染。废固体处理的方法主要包括以下几种。

（1）填埋法

填埋法是一种传统的废固体处理方法，即将废固体安全地填埋于地下特定区域。这些废固体在地下逐渐分解，从而减少对地表环境和人类健康的影响。然而，在实施填埋法时，我们必须严格考虑填埋场的选址，确保远离水源地和居民区，同时采取有效的防渗措施，防止有害物质渗入土壤和地下水。此外，持续的监测工作也必不可少，以便及时发现并处理任何潜在的污染问题。

（2）焚烧法

焚烧法是通过高温焚烧，将废固体中的有害物质进行分解和转化，同时显著减小废固体的体积。这种方法不仅能够有效降低废固体的存储和处理成本，还能通过热能回收实现资源的再利用。然而，焚烧过程中可能会产生二次污染，如颗粒物、有害气体等，因此必须配备先进的净化设施，确保污染物达标排放，避免对大气环境造成新的污染。

（3）循环综合利用

循环综合利用是一种更加环保和经济的废固体处理方法。它强调对废固体中的有用成分进行回收和再利用，如从废固体中提取有价值的金属，或者将废固体转化为建筑材料等。这种方法不仅有助于减少资源浪费，还能推动循环经济的发展，实现经济、社会和环境的共赢。通过循环综合利用，我们可以将原本被视为废物的物质转化为可利用的资源，为可持续发展贡献力量。

课堂讨论 ·

讨论主题："三废"应该如何处理？

讨论内容：

（1）你熟悉处理"三废"的方法吗？

（2）你还有没有其他处理"三废"的建议或想法？

实践活动——使用 AI 工具设计劳动安全宣传海报

1. 活动目的

通过使用 AI 工具设计劳动安全宣传海报，一方面在增强自身劳动安全意识的同时，通过海报的创意视觉效果吸引公众的目光，向公众宣传劳动安全。另一方面，学习使用 AI 工具，并通过创意设计，开拓思维，培养创新能力。

2. 活动内容

使用 AI 工具设计劳动安全宣传海报的主要流程如下。

（1）选择 AI 工具。首先选择一款图片生成类 AI 工具。例如，通义万相、文心一格、创客贴 AI 画匠、Canva 可画、Midjourney 等。通过实际操作了解这些工具，包括操作方法、功能的丰富性、生成图片的质量等，对比后，选择一款合适的 AI 工具。

（2）选择图片生成方式。图片生成类 AI 工具的图片生成主要有"文生图"和"图生图"两种方式。文生图方式是通过输入文本，描述想要生成的图像内容、风格、色彩等来生成与之对应的图片，图生图方式是指根据提供的参考图片来生成与之相关的新图片，其侧重于在已有图像的基础上进行再创作。大学生在实践活动中可自由选择图片的生成方式。

（3）创意构思。确定海报主题，如"安全始于细节""预防胜于救灾""隐患险于明火，防范胜于救灾"等。构思海报的图像元素、色彩搭配、文字内容等。

（4）素材准备。使用图生图方式生成新图片时，需要准备相关图片素材。也可以手绘或使用数字工具绘制初步设计草图。总之，在实践中大学生要积极发挥自己的创造力。

（5）使用 AI 工具生成图片。使用 AI 工具的图片生成功能，生成所需图片，并不断优化图片的视觉效果。

（6）添加文字内容，确保信息准确、简洁、易读。

（7）将设计好的海报导出为图片保存到计算机中。

3．活动要求

　　熟练掌握至少一种图片生成类AI工具的基本操作方法，能够独立完成海报设计任务。鼓励参与者结合劳动安全主题，发挥创意，设计出既符合劳动安全宣传需求又具有艺术美感的海报作品。例如，下图所示为使用Canva可画通过指令"生成一幅超现实风格的劳动安全主题图片。画面是一座奇幻的工厂，机械手臂灵活作业，管道似彩色河流输送原料。工人身着防护服，头戴球形头盔。空中悬浮着巨大的蓝色安全标识，像神秘星球散发柔和光芒，照亮整个充满科技感的劳动场所。"生成的一幅图片。

AI工具生成的图片 ●

思考练习

　　1．劳动安全的重要性体现在哪些方面？
　　2．如何增强自身的劳动安全意识？

3．如何防止触电、机械伤害？

4．扑灭火灾的基本方法有哪些？如何正确使用手提式干粉灭火器？

5．如何预防实验室安全事故？

6．常见的个人防护用品有哪些？各有什么作用？

7．在火灾中逃生时应该盲目跟着人群走吗？

8．劳动合同有什么作用？签订劳动合同应该注意哪些事项？

9．大学生在求职就业的过程中，应该警惕哪些求职就业陷阱？